スキルシェアのすすめ

The Relationship between
Knowledge Sharing and Well-being

なぜ知の共有がウェルビーイングを向上させるのか

青木 慶
AOKI Kei

千倉書房

スキルシェアのすすめ
――なぜ知の共有がウェルビーイングを向上させるのか――

目次

序章　はじめに

1　本書の目的

本書の目指すところは、個人が持ち合わせる知識や経験を、余すことなく活用する社会の実現です。2020年以降、世界的なパンデミックという状況下で、社会自体が激震的に変革しました。当然ながら、個人の生活もその波にのまれて、人々のライフスタイルや働き方は大きく変化しました。在宅時間が増加したり、雇用そのものに不安定さを感じたりすることで、あらためて自分には何ができるのだろうと、自己の能力の棚卸をした人も少なくはないでしょう。副業や複業を容認する社会的風潮も相まって、個人の知識や経験を活かす土壌が急速に整いつつあります。

一方で、社会に出ることなく埋もれている個人の能力が、まだ多くあるものと考えられます。例えば、保育士、看護師、介護福祉士などの国家資格を持ちながら、それに従事していない、潜在保育士、潜在看護師、潜在介護士と言われる人の存在が注目されています。いずれも人手不足が深刻な業界です。また、美容師やネイリストなども、やはり資格保有者と従事者に乖離があることが指摘されています。資格の保有に限らず、個人が時間と労力を費やして得た知識や経験が、活かされないまま休眠していることは、社会にとっても損失ではないでしょうか。本書の目的は、このギャップを少しでも解消し個人の持ち合わせる知識や経験、すなわち個人知の活用を活性化することにあります。

本書で個人知の活用を啓蒙する理由は、大きく2つあります。1つは、多様性に富む知識を活用することが、社会全体にとって有用な価値を生み出す可能性を多分に有しているからです。「三人寄れば文殊の知恵」ということわざがあるように、複数の人が知恵を持ち寄って、それぞれの得意分野が掛け合わされれば、相乗的な効果を発揮することは、想像に難くありません。これを社会全体で実現することができれば、社会に有用な価値を生み出す、大きな原動力となるのではないでしょうか。

もう1つ注目すべきは、知識や経験の活用が、個人の幸せにもつながるという事実です。これは、私が研究を進める過程で明らかになりました。世の中に新たな価値が生み出されることも重要ですが、個人の幸せにつながる効用があることは、もっと知られるべきだと強く思いました。本書では、この事実を広く伝えることで、個人の力が持続的に活用される社会の実現に寄与することを目指します。

2　研究背景

本題に入る前に、本研究の背景について述べます。私が研究活動をスタートさせたのは、大学院の博士課程に進学した2012年からです。企業でマーケティングに従事しながら、「企業と消費者の価値共創」をテーマに、博士研究を進めました。具体的には、どうすれば個人の中にとどまっているアイデアを、世の中に引き出すことができるのかということに焦点を当てた研究です。当時から、インターネット上には写真や動画、時には楽曲などの、ユーザー生成コンテンツが溢れていました。活況を呈するプラットフォームがある一方で、自分のビジネスに立ち戻ると、消費者から何かしらのアクションを得ることは、まったく容易ではありませんでした。そこで博士研究では、成功しているプラットフォームはどのように投稿者を動機づけているのか、つまりどのようなインセンティブ（報奨）があれば、人がそこへ参画するのかを追究することにしました。なお、本書では、プラットフォームは人が集うオンライン上の枠組みを指し、コミュニティはそこで派生する人と人のつながりを指します。以降も、この定義で両者を使い分けます。

博士論文で調査対象としたのは、レシピサイトでした。レシピサイトには、一般の個人から膨大な数のレシピが投稿されています。作り方の手順を文章にして、写真付きで投稿することは、それなりに手間のかかることであるにもかかわらず、続々とレシピが投稿されていることに、とても関心がありました。調査の結果分かったことは、熱心な投稿者のモチベーションが、例えば「料理のプロとしての地位を確立したい」のように、それぞれ自分自身の目指すゴールがあり、外から与えられるインセンティブより、内発的モチベーション（自発的なやる気）が重要だということでした（青木, 2016; 2017）。

私は博士課程修了後に大学に職を移し、それ以降も継続してユーザーコミュニティを対象に、参画者のモチベーションについて調査してきました。その研究過程で、コミュニティの目的が社会的価値を有する場合には、参加者の関与が自発的に高まることが分かってきました。具体的に言うと、Apple は世界中の革新的な教育者を集めたコミュニティをつくって、「教育を革新する」という共通のゴールを追求しています。ブランドへの見返りを求めるのではなく、教育の革新という社会的に意義のある目標を掲げていることが、参加者の積極的な関与を引き出しています。コミュニティメンバーへのインタビュー調査を通じて、彼らが自らの教育をさらに充実させたいという内発的モチベーションから、コミュニティに参加して、仲間と知識やアイデアを共有することで、新たな学びを得ていることが分かりました（青木, 2019）。

これまでの研究から、内発的な動機づけの重要性が示されたものの、それは極めて個人的で外から見えづらいものです。また、それを満たすインセンティブに単純解はありません。ただし、何かしらの共通解を見出すことはできるのではないかという挑戦心が、本書を成す研究の原動力となりました。結論から先に言うと、研究を通じて得られたのは、個人知を活用することが最終的には個人の幸せにつながるという結果でした。腑に落ちる一方で、個人知を活用することの、当人への影響というのは、あまり世の中で認識されていない側面ではないかと思いました。

本書では、個人知を活用する手立てとして、シェアリングエコノミーにおいて、個人のスキルを取引する「スキルシェア」に着目します。スキルシェアの定義については、次節であらためて述べますが、その効用を広く知ってもらい、社会全体としての幸福度を上げることに少しでも寄与できればという願いから、本書の執筆に至りました。

3　本書の概要

①本書のキーワード

本書では、個人知の共有が当人の幸せにつながるという研究結果を、さまざまな説明を加えながら紹介します。この研究は以下の点で特徴的です。

●ユーザーイノベーションの研究で蓄積されてきた知見を借りて、スキルシェア（個人知のシェア）から派生する社会的価値に着目する点
●その社会的価値を、ポジティブ心理学で提示されたウェルビーイングの概念を用いて、可視化する点

あまりなじみのない用語が続いたかもしれませんが、簡単に言うと、本書では、個人知を共有することで、人々の幸福度が向上することを、数値的な根拠とともに示します。ここからは、上述の用語について、本書での定義や考え方を簡単に説明します。

◆個人知

すでに多用していますが、あらためて個人知とは、個人に蓄積されている、知識や経験を指します。個人のライフヒストリーに紐づいており、幼少期の習い事や学校生活での経験から、趣味や仕事で得た知識、家庭内における家事や育児など、あらゆる知識や経験が、その人の個人知の形成に影響します。個人知の範疇は、実に多岐にわたります。必ずしも、教育機関などで身につけた専門性を指すわけではないところがポイントです。本書でいうと、第3章でハンドメイド作家に焦点を当てますが、ハンドメイド作品は個人知を駆使したアウトプットです。また第4章では、大人のレゴ愛好者を対象にインタビュー調査を実施しますが、幼少期から親しんできたレゴブロックに関する知識もその範疇です。日常生活に浸透しきっているために、本人がその有用性に気づいていないことも多々あります。ある人の中で、複数の分野での知識が掛け合わさることで、その人に固有の個人知が形成されていきます。

◆イノベーション

イノベーションという言葉を聞いて、自分事だと感じる人はどのくらいいるでしょうか。最新のテクノロジーを駆使して、企業が生み出すもの、つまり自分からは遠い存在だと感じる人が多いのではないでしょうか。イノベーションとは、課題解決のために新たな価値を生み出すことだと私は理解しています。世の中のサービスや製品は、何かしらの不便さや現状に対する不満を解消するために生み出されています。課題の深刻さや緊急度合いは実に多様です。日常生活のちょっとした課題から、グローバルな社会課題まで多岐にわたります。そして、イノベーションとは、それらの課題を解決する新しいアイデアです。

　実は、ココ・シャネルはちょっとした課題を解決するアイデアを、数多く世の中に送り出してきました。彼女のイノベーションは、今なお私たちの生活に根づいています。例えば今のリップスティックの形状は、シャネルの考案したアイデアです（山口，2009）[1]。それまでの口紅は、外に持ち運ぶものではありませんでした。それが、プッシュアップ式のケースが開発されることで携帯できるようになり、働く女性の必需品となりました。また、ショルダーバッグも彼女のアイデアです。それ以前のバッグは、持ち手のないクラッチバッグで、常に抱えて、置き忘れに気をつけながら使うものでした。そこへ紐をつけて、肩から掛けられるようにすることで、両手が空いて実用性が格段に上がりました。シャネルのイノベーションはどれも、既存品の日常における使いづらさを解消している点が特長です。

◆ユーザーイノベーション

実は、日常生活のちょっとした課題に関しては、企業より一般の個人の方がその解決方法に詳しい場合があります。なぜなら、自分自身が不便さに直面しているからです。時には一般の個人が、購入した製品を改良したり、新しい使い方を考案したり、あるいは自分でモノづくりをしたりと、新たな価値を生み出すことがあります。ユーザーイノベーションとは、このような、使い手自身による新しいアイデアの創出を指します。ユーザーイノベーションは、個人が自身の知識や経験を活かして実現するものであり、個人知の結集とも言えます。ユーザーイノベーションについては、第1章で詳しく紹介します。

◆シェアリングエコノミー

デジタル庁によると、シェアリングエコノミーとは「個人等が保有する活用可能な資産等（スキルや時間等の無形のものを含む）をインターネット上のマッチングプラットフォームを介して他の個人等も利用可能とする経済活性化活動」と定義づけられています。[2] 簡単に言うと、ある人にとっての余剰資産を、それを必要とする人に有償で提供する経済活動です。シェアの概念自体は、古くから存在するものですが、インターネットが介在することで、需要と供給のマッチングが飛躍的に容易になりました。シェアリングエコノミーは大きく、空間・移動・スキル・お金・モノの5つに分類されており、本書では、その中の1つである、スキルのシェアを取り扱います。

◆スキルシェア

先述の、デジタル庁の定義づけにおいてのスキルのシェアは、個人が有する技能を、インターネット上でマッチングして、必要とする人に有償で提供することを指します。詳しくは第3章で述べますが、本書ではもう少し広義に、オフラインでの活動も含めて、個人知を他者に共有することと定義します。また、有償のものだけでなく、無償（金銭のやり取りが発生しない）で行われるものも含みます。実は本来的には、ナレッジシェアリング（知識共有）という表現が適切なのですが、スキルシェアの方がより知られた用語で、多くの人にイメージしてもらいやすいので、この表記を用います。

◆社会的価値

本書では、経済的価値を金銭的価値と捉えて、対照的に、社会的価値を非金銭的な社会に有用な価値と定義します。例えば、シェアリングエコノミーからは、経済的価値に加えて、さまざまなお金以外の社会的価値が派生します。代表的なものとして、大量生産・大量消費・大量廃棄の流れを止めることなどが挙げられます。また、スキルシェアから派生するやりがいや、社会とのつながりなども該当します。これらは金銭的インセンティブと対比的に、社会的インセンティブと称します。

◆ウェルビーイング

ウェルビーイングとは、身体のみならず、精神的にも健やかな状態であることを指します。これまで、個人知をシェアすることが、「その人の幸せにつながる」という表現をしてきましたが、正確には、調査結果から、個人知のシェアがウェルビーイングの向上に寄与していることが示されました。本書では、このウェルビーイングの向上を、重要な社会的価値として捉えています。スキルシェアが活性化することで、人々のウェルビーイングの向上という社会的価値を生み出すことを、丁寧に伝えていきたいと考えています。ウェルビーイングについては、第2章で詳しく取り扱います。

②本書の構成

本書は6つの章から成ります。第1章・第2章は本書と深く関わる重要概念の説明、第3章から第5章は調査結果の紹介、第6章は調査結果に基づく提言の章です。具体的な各章の内容は以下のとおりです。

第1章では、個人知が活かされずに埋没している状況をユーザーイノベーションの研究で蓄積されてきた知見をもとに説明します。第2章では、ポジティブ心理学で提示されたウェルビーイングの概念を引用して、本書で幸せをどう計測するのかを説明します。

第3章では、スキルシェアを行う人と一般の人の、ウェルビーイングの水準を比較調査した結果を紹介します。結論から言うと、スキルシェアを行う人のウェルビーイングの水準は、一般の人と比較して有意に高いことが示されました。そこで、なぜそうなるのかを知るために実施したのが、第4章のインタビュー調査です。スキルシェアを実施している人に、直接深く掘り下げて話を聞くことで、他者への知識共有を通じて、自らの知識や経験が深まることが大きな原動力になっていること、またその過程でウェルビーイングの向上に寄与するさまざまな体験を経ていることが分かりました。第5章では、この結果が、一般化できるものであるのかどうかを検証する、アンケート調査の結果を紹介します。

第6章は、第3章から第5章の調査結果を通じて明らかになった、個人知を共有することの意義についての総括と、次項で述べる想定読者それぞれに向けた、個人知の活用に関する具体的な提言の章です。本書で伝えたいことが集約された章になります。

③本書の想定する読者

本書は、スキルシェアの効用を伝えるものですが、特にそれを知って欲しい、以下の方々を読者として想定しています。

◆シェアリングエコノミーを推進する行政、プラットフォーマー

近年、政策的にシェアリングエコノミーの拡大が進められています。余剰資産を収益化するという点が最大の特長ですが、シェアリングエコノミーの旗振り役である行政や、プラットフォームを運営する方々に、スキルシェアが経済的価値のみならず、社会的価値をも生み出すという点に目を向けていただきたいと思います。有形資産に加えて、スキルのような無形資産についても、シェア市場が活性化されることを期待しています。

◆従業員のウェルビーイング向上を目指す企業（マネジメント、人事部門など）

本書の第5章では、副業としてのスキルジェアに焦点を当てて、そのメリットを説きます。本書では従業員のウェルビーイング向上という観点から、副業のあり方を考えることを提言しますが、本質は副業解禁ではなく、従業員の個人知を有効に活用するところにあります。従業員の個人知を社外に開放したり、社外から非従業員の個人知を取り入れることに加えて、従事する業務に捉われない従業員の個人知の活用は、最も実現可能性が高く、企業にも個人にも多くのメリットをもたらす施策です。本書が、企業の内部で個人知を活用するきっかけになればと願っています。

◆消費者との価値共創を実現したい企業（マネジメント、マーケティング部門、研究開発部門など）

消費者との共創は、もはやどの企業も何らかの形で取り組んでいますが、その程度はさまざまです。話題性や規模を追うものもあれば、特定顧客との深いつながりを構築し、共にブランド価値を高めることを目指すものもあります。本書の内容は、後者を目指す企業により有用なものになっています。顧客から有用なアイデアを提供するためのインセンティブとは何かという問いは、私自身の研究を通貫する問いでもあり、本書でもさまざまな角度から検討します。また、本書のあとがきでは、顧客エンゲージメントについても言及しているので、ぜひ併せてお読みいただきたいところです。

◆自己の能力を活かして、社会とつながりたいと考える個人

本書は、自分の知識や経験を活かすことに関心はあるものの、どう始めてよいか分からないという方々にもお読みいただきたいと思います。特に第4章では、積極的に自身の知識や経験を他の人に共有している人たちが、実際にどのようにそれを始めて、どう社会とつながっているのかを具体的に紹介しています。たとえ、ご自身のスキルとは別領域のエピソードであったとしても、なんらかの参考にしていただけるのではと考えています。

◆大人の学びに携わる人

学校をはじめ教育の場は、知識を身につける場ですが、スキルシェアの場としても最高の環境です。特に、すでに知識を蓄積してきた大人が集まる学びの場に関しては、それが顕著です。本書では、全編を通じて、個人知を他者に共有することの意義について述べますが、教育の場はそれを実践することがすぐにも適う場です。特に、大人の学び

に携わる方に本書をお読みいただいて、スキルシェアの機会を拡大していただくことを願っています。

4　小括

本書の目的は、個人知の共有を促すことにあります。個々人に蓄積された知は、多様で、それぞれに深く、アイデアのリソースとして非常に期待できます。さらに重要なことに、知識や経験を活かすことは、当人のウェルビーイングの向上に寄与します。この事実を広く知ってもらうために、本書を執筆することにしました。

本書では、個人知活用の手立てとして、個人のスキルシェアへの参画をおすすめします。シェアリングエコノミーの発展は世界的な潮流で、日本国内でもメルカリなどのプラットフォームを介した物品の売買はすでに一般的になっています。一方で、スキルのシェアも一定の広まりは見せるものの、提供者・利用者の両者において、まだ十分に認知されているとは言いがたい状況ではないでしょうか。

個人知を活用することの恩恵を、余すことなく享受するためには、まず関わるすべての人が、スキルシェアのもたらす社会的な効用を認識する必要があります。そのため、本書ではスキルシェアを直接的に活性化しうるプラットフォーマーや行政、教育関係者、間接的にスキルシェアを後押ししうる企業、そして自らスキルシェアの参画者になりうる個人を想定読者として、それぞれに提言を行います。本書が、一人でも多くの人にスキルシェアについて、自分事として考えるきっかけとなり、創造性に富む、健やかな社会の実現に少しでも寄与できればと願っています。

1——本パラグラフの内容はすべて山口（2009）に基づく。ただし、シャネルのアイデアがイノベーションであるという解釈は、筆者によるものである。

2——デジタル庁『シェアリングエコノミー活用ハンドブック（２０２２年3月版）』https://www.digital.go.jp/assets/contents/node/basic_page/field_ref_resources/5adb8030-21f5-4c2b-8f03-0e3e01508472/20220331_policies_sharing_economy_handbook_01_0.pdf（２０２3年2月にアクセス）

第1章

ユーザーイノベーションとは

1　ユーザーイノベーション研究の変遷

①B2Bビジネスにおけるユーザーイノベーション

前章で、本書は最終的に個人知活用の促進を目指すことを、繰り返し述べてきました。そもそも、なぜ個人知を活用すべきなのでしょうか。本章では、ユーザーイノベーション研究で得られた知見をもとに現状の課題点や、その対応策について説明します。

初めにユーザーイノベーションの概念が提唱された経緯について、簡単に紹介します。シュンペーターが、生産を「利用しうる色々な物や力を結合すること」としたうえで、イノベーションを「非連続的に表れる新結合」（筆者注：これまでの延長線ではなく、抜本的に新しい組み合わせ）と定義づけてから（Schumpeter, 1912）、イノベーションの担い手は、生産を担う企業であるものとされてきました。そこへ、MIT（マサチューセッツ工科大学）のエリック・フォン・ヒッペル教授が、生産者側の企業ではなく、製品の使い手側の顧客企業もイノベーションを行っていることを発見し、ユーザーイノベーションの概念を提唱しました（von Hippel, 1976）。

　提唱された当初は、B2Bビジネス（企業同士の取引）において研究が進められており、「ユーザー」とは主にユーザー企業を指しました。具体例の1つとして、コンビニエンスストアの店舗発注システムのイノベーションが挙げられます（小川, 2000）[1]。製品（店舗発注システム）の生産者は日本電気ですが、システムを導入した先のセブン-イレブンは、より効率的に商品を発注するためのさまざまなアイデアを発案し、日本電気が開発を行うという形で数々のイノベーションが行われました。例えば、バーコードをスキャンして検品するというアイデアも、セブン-イレブン側から発案されたものです。それ以前は、店舗にトラックで商品が届くと、スタッフが商品の山から1つ1つ取り出して、目視で納品リストと照合し、検品作業が行われていました。とても手間のかかる作業です。バーコードのスキャナーが開発されることで、商品知識のないスタッフでもバーコードを読みさえすれば、どの商品がいくつ届いたのかを確認することができ、店舗での作業が飛躍的に効率化されました。また、納品情報がタイムリーに記録されることで、売り逃しなどがひと目で確認できるようになりました。このスキャナーは、日本電気とデンソーの共同で開発されました。もともと、デンソーはトヨタのかんばん方式に対応するために、バーコードを読み取る技術を持っていました。セブン‐イレブンのＰＯＳレジでのバーコードの読み取りに対応することで、セブン‐イレブンのみならず、コンビニのバーコードリーダーの市場において１００％のシェアを獲得することになりました（小川，2020）。

なぜ、生産側のメーカーではなく、使い手側のメーカーがイノベーションにつながるアイデアを生み出すことができたのでしょうか。本書ではイノベーションを、「課題を解決することで、新たな価値を生み出すこと」と定義しました。やはり、課題に直面している使い手側は、的確にその所在を把握しているからです。当たり前のことですが、これがユーザーイノベーションの真髄とも言えます。

②Ｂ２Ｃビジネスにおけるユーザーイノベーション

当初はＢ２Ｂビジネスにおいて、研究が進められてきたユーザーイノベーションですが、やがてＢ２Ｃビジネス（企業から一般消費者向けの取引）におけるユーザー、すなわち一般の個人によるイノベーションに軸足が置かれるようになりました（von Hippel,

2005; 小川, 2013; 本條, 2022など)。特に、インターネットが発達して、個人が容易に情報の収集や発信ができるようになってからは、その傾向がより顕著です。本書でも、特にことわりのない限り、ユーザーイノベーションとは、一般の個人によるイノベーションを指します。

Ｂ２Ｃビジネスでのユーザーイノベーションの具体例としてよく用いられるのは、マウンテンバイクやサーフボードの事例です (von Hippel, 2005など)[2]。１９７０年代初頭、自転車は舗装されていないオフロードを走行するには適さないものでした。そこで若いサイクリストらがバイク用の部品などを使って、自分たちで組み立てて、オフロードでの走行に耐える自転車を開発したのがマウンテンバイクの始まりです。また１９８７年当時、ウィンドサーフィンのボードは、ジャンプをすると空中で足がボードから離れてしまうものでした。そこであるユーザーが、フットストラップをボードに取り付けて問題を解消し、瞬く間にこのサーフボードが普及しました。

どちらの事例も、ユーザー（サイクリストやサーファー）が自分たちの抱える課題を解決することで、新たな価値が生み出されました。彼らのような、イノベーションを実施するユーザーを、ユーザーイノベーターと言います。彼らは課題に直面している当事者だからこそ、それを解決した先に、自分たちが得られる効用を見通すことができたのでしょう。ユーザーイノベーターは、自転車やサーフボードを製造することにおいては素人ながら、自分の経験や知識を駆使して、マウンテンバイクや、ストラップ付きのサーフボードを完成させました。ユーザーイノベーションは、まさに個人知の結集であると言えるでしょう。

③C2Cビジネスとユーザーイノベーション

ここで、C2Cビジネス（個人同士の取引）とユーザーイノベーションの関連性についても述べておきたいと思います。前項で、B2Cビジネスにおけるユーザーイノベーションの事例として、マウンテンバイクやサーフボードを挙げました。実はこれらはB2Cビジネスとして成立する前に、C2Cビジネスとしての段階を経ています。発案者であるユーザーイノベーターは、まず自分のために製品を作り、使用します。それを見た仲間から、自分にも作って売って欲しいと依頼されて、他の人のためにも作るようになります。この段階では仲間内を中心とする、C2Cビジネスの範疇で、マウンテンバイクやサーフボードが取引されています。やがて、仲間内の範疇を超えた、大きな需要が見込めるという判断に至ると、ユーザーイノベーターは会社を設立して大量生産する体制を整えて、B2Cビジネスへと移行します。なお、後ほど詳しく述べますが、B2

Ｃビジネスへと至るケースは非常に稀です。

ちなみに本書では、スキルシェアを「個人知を他者に共有すること」と定義しましたが、個人知の結集であるユーザーイノベーションを他者への広めることも、スキルシェアの一環と捉えます。そして、余談になりますが、私自身は必ずしも量産体制のＢ２Ｃビジネスを目指すのではなく、Ｃ２Ｃビジネスの状態を継続しても良いのではないかという考え方です。ユーザーイノベーター自身のリスクも少なく、大量生産・大量消費・大量廃棄の流れを止めようという今の方向性にも沿うのではないかと考えています。

２　ユーザーイノベーションの効用と課題

①ユーザーイノベーターへの効用

ここで、ユーザーイノベーションがもたらす効用について考えてみたいと思います。効用とは、要するに、どんなメリットがもたらされるのかということです。まずはユーザーイノベーター自身へのメリットから見ていきます。第一に挙げられるのは、やはりイノベーションのアウトプットを使うことによる効用です。先ほどのマウンテンバイクや、サーフボードの事例でいうと、舗装されていない道を自転車で走れるようになったり、空中でジャンプをしてもサーフボードが足から離れなくなったりすることです。これによって、大きな満足を得られることは容易に想像できます。

ですが、ここで注目したいのはそれだけでなく、彼らがイノベーションのプロセスから得られる効用です。例えばアイデアを追求することに楽しさを感じたり、試行錯誤を重ねることや、仲間からフィードバックをもらうことで、さまざまな学びを得ることができます。また、イノベーションの成功により、仲間内のコミュニティで一目置かれることも効用の1つでしょう。これらは、企業によるイノベーションにはない、ユーザーイノベーションならではの効用です。

②社会への効用

次に、ユーザーイノベーションが社会にもたらす効用について考えてみたいと思います。**表1-1**は、ユーザーイノベーションと企業イノベーションを比較したものです。ユーザーイノベーターは非金銭的な効用を得ており、企業は経済的価値を得ているという、両者の違いがよく分かります。

では、ユーザーイノベーターが経済的価値を得ることはないのでしょうか。もちろん、そんなことはなく、ユーザーイノベーションが企業に採用されたり、ユーザーイノベーターが自分で起業すれば、当然ながら報酬が得られます。その場合、ユーザーイノベーターは先ほど述べた、イノベーションのプロセス自体や、使用することによる効用も得ています。もしユーザーイノベーションと企業イノベーションから、まったく同じ経済価値を持つアウトプットが生み出されたとすると、

●ユーザーイノベーションの効用＝経済的価値＋非金銭的な効用
●企業イノベーションの効用＝経済的価値

となり、非金銭的な効用が上乗せされている分、前者の方がトータルで大きな効用を生み出していると考えることができます。

しかも、ユーザーイノベーターは仕事としてイノベーションを行うわけではないので、余暇など労働時間以外の時間を使います（**表1−1**）。つまり、時間的なコストをかけずに、低コストで経済的な価値を生み出したという見方ができます。そうすると、ユーザーイノベーションの効用は、さらに大きなものになります。このことから、企業の採用などによって、ユーザーイノベーションが広く普及すれば、社会の全体最適を実

表1-1　ユーザーイノベーションと企業イノベーションの比較

	ユーザーイノベーション	企業イノベーション
アウトプットから得る効用		
使用	✔	
経済的価値	?	✔
プロセスから得る効用	✔	—
費やす時間	余暇の時間	労働時間

現することが指摘されてきました（Raasch & von Hippel, 2015; Gambardella, Raasch, & von Hippel, 2016; Hienerth, von Hippel, & Jensen, 2014）。

③ユーザーイノベーションの普及における「市場の失敗」

　ところが実際には、ユーザーイノベーションが本人とその周辺から先に広まることはほとんどありません。なぜなら、それを普及させるためには、企業などへのアイデアの売り込み、あるいは自らの起業による商品化など、ユーザーイノベーター自身がそれなりの労力をかける必要があります。先ほど紹介した、マウンテンバイクやサーフボードは、稀なケースで、実際にそこまでする人はほとんどいません。

　例えば、熱心なゴルファーが、ゴルフクラブの改良を試みたとします。おそらく、思いどおりにいかないことの方が多く、万が一、自分のスコア改善につながるようなことがあれば、それだけで十分満足ではないでしょうか。もし、ゴルフ仲間から調子の良さの理由を尋ねられたら、喜んでその改良について話すことはしても、わざわざメーカーに売り込む人はほとんどいないでしょう。趣味の延長の試作品のようなものに、メーカーが興味を示すとは思えませんし、もしかしたら、手を加えたことを咎められるかもしれません。適切な相手に、コンタクトすることにも手間がかかります。そんな時間があれば、練習時間に使いたいと思うのではないでしょうか。

つまり、ユーザーイノベーターは、自分のイノベーションを普及させたとしても、その労力に見合ったインセンティブが得られるとは思っていません。ましてアイデアを保護するという意識もなく、彼らの多くが無料公開に終始してしまいます。無料公開とは、その情報を欲しいと思った人が、本人に尋ねるなど、何らかの形でアクセスすれば、無料で手に入る状態を指します（von Hippel, 2016）。アイデアを囲い込んでいるわけではないものの、それを広める意図も働いていません。結果的に、ユーザーイノベーションは本人、もしくはその仲間内にとどまってしまいます。

先行研究では、これを「市場の失敗」だと指摘しています（De Jong, von Hippel, Gault, Kuusisto, & Raasch, 2015; von Hippel, DeMonaco, & De Jong, 2017）。ユーザーイノベーターに行動を起こさせる、魅力的なインセンティブが市場にないことが問題であるという考え方です。私の研究上の問題意識もこの点にあり、どうすれば、個人にとどまってしまう有用なアイデアを引き出せるのかについて、調査を重ねてきました。

④なぜ「市場の失敗」が問題なのか

ここで、ユーザーイノベーションの普及を阻む困難さやユーザーイノベーションの持つ可能性の大きさなどについてイメージしてもらうために、もう1つ事例を紹介します。

実はスノーボードも、ユーザーイノベーションから生まれました。発案者であるジェイク・バートンは、「スナーファー」という雪の上を立って滑れるソリのおもちゃから着想を得て、14歳の時に、スノーボードをスポーツとして確立するというアイデアを思いつきます（福原，2021）[3]。ちなみに、このスナーファーも、ビジネスマンが娘たちのために趣味で作ったおもちゃが始まりだということで、ユーザーイノベーションと言えるでしょう。バートンは、大学で経済学を専攻し、卒業後は投資銀行で働き始めますが、お金を稼ぐためだけに働くことに耐えられなくなります。23歳で銀行を辞し、スノーボードの制作に着手しました。1977年のことです。独学でサーフボードの製法を学んだり、スケートボードを改良したりと、試作と試用を繰り返して、翌年、商品第一号となるスノーボードを開発しました。ちょうど100枚目の試作品でした。

ここで注目したいのは、バートンがいち早く雪の上をボードで滑ることの楽しさに目覚めた、スノーボード愛好家ではあったものの、ボードの制作に関しては専門家ではなかった点です。アウトプットのイメージは明確であったものの、それを具現化するところで大きな労力、時間的・金銭的コストを要しました。ユーザーイノベーションは、自分の範疇に留める限り、余暇の時間に楽しみながら取り組むことが可能ですが、その域を超えて普及させようとすると、かなりの負荷がかかります。これを受け入れて、普及させようというユーザーイノベーターは、限られたごく一部の存在です。仲間内ではなく商用的に普及させようとしたユーザーイノベーターは、全体の６％だという調査結果もあります（De Jong et al. 2015）。ユーザーイノベーター自体が人口の５％前後ですので、稀有な存在と言って良いでしょう。

その後のバートンの販路拡大およびスノーボードの啓蒙活動への尽力は、ぜひ福原（2021）をお読みいただきたいのですが、世の中にないものを普及させようとする際の、労力の大きさは想像を絶するものがあります。その甲斐あって、１９９８年、スノーボードは晴れてオリンピック種目となります。現在、数々の競技選手の活躍が人々に感動を与えていることは、ご存知のとおりです。このような有用性の高いユーザーイノベーションが普及しないことは、社会としての損失であり、「市場の失敗」を解消することが必要性を、お分かりいただけるのではないでしょうか。

3　ユーザーコミュニティの有効性

①ユーザーイノベーションの孵化装置としての役割

ユーザーイノベーションを普及させる方法は、ユーザーイノベーターが多大なコストを負担する以外にないのでしょうか。実は、イノベーター自身がコミュニティに参加することが、1つの有効な手段であるとされてきました（von Hippel, 2005; Baldwin, Hienerth, & von Hippel, 2006; Ogawa & Pongtanalert, 2013）。そもそも、ユーザーイノベーターは人口の5％程度です。日英米の3カ国で実施した調査によると、ユーザーイノベーターの18歳以上の人口における比率は、日本で3・7％、イギリスで6・1％、アメリカで5・2％でした（von Hippel, Ogawa, & De Jong, 2011）。この5％程度という割合は、決して低いものではないと思います。ですが、彼らがさまざまな分野に点在していることを考えると、その有用性を理解してくれる人に見出してもらうことは、かなり難しそうです。その点、その分野に関心の高い人たちの集まるコミュニティに参加することで、イノベーションが日の目を見る機会は格段に上がるはずです。

実際、商業化されて普及したユーザーイノベーションは、発案者が早い段階でコミュニティに合流し、アイデアをブラッシュアップしていることが分かっています（Baldwin et al., 2006）。また、コミュニティに参加しているユーザーイノベーターのアイデアが、コミュニティ内でもらうフィードバックによって、企業から採用されやすいものへとブラッシュアップされていることも、調査結果として示されています（Ogawa & Pongtanalert, 2013）。コミュニティでのフィードバックが、ユーザーイノベーターの起業を促進することも確認されています（Shah & Tripsas, 2007; Halbinger, 2018）。

②リードユーザーを支援する役割

さらに、ユーザーイノベーターの中に、リードユーザーとされる人たちが存在します。市場の最先端にいて、何かしら強いニーズを持ち合わせているような人たちです。彼らはそのニーズが満たされると高い効用が得られるので、イノベーションを行います（von Hippel, 1976; 2005）。具体例を挙げると、スポーツ用品の市場におけるアスリートです。厳しい勝負環境に置かれるアスリートにとって、自分の使う用具はもはや体の一部のような存在です。用具はパフォーマンスに大きく影響するので、少しでも満足できない点があれば、それを解決しようとします。彼らは、一般のユーザーより強いニーズを持ち合わせていると言えるでしょう。オリンピック出場経験を持つ、フィギュアスケーターの小塚崇彦は、スケート靴のブレード（金属製の刃）が衝撃を受けると変形してしまうことや、個々の製品の品質にバラツキがあることに長年悩まされてきました。これはすべての選手に共通する悩みでした。この問題を解決するために、彼はメーカーと協力して、試行錯誤を重ねて、自らブレードを開発するに至ります（水野・小塚，2019）。

実はシープスキンブーツ（ムートンブーツ）も、ユーザーイノベーションです。シープスキンブーツは、保温性だけでなく通気性にも優れており、冬場は暖かく、夏場は涼しく履けることが特長です。１９７０年代にオーストラリアのサーファーが、冬の冷たい海で足元を暖かく保つために発案しました。[4] 発案者は冬の寒い日にもサーフィンを楽しみたいという強いニーズを持ち合わせており、それを満たすためにイノベーションを行ったという、まさにリードユーザーです。なお、この発案者は10年ほど自分でブーツを作って販売していましたが、１９８３年にアメリカの企業に製造販売の権利を売り渡します。その後、シープスキンブーツはファッションアイテムとして世界中に広まりました。発案者は、ビジネスを拡大することよりも、海でサーフィンを楽しむことが優先だったという、その選択にとても満足しているそうです。また、自分の発案したものが世界中に広まったことは、誇りに思うとも話しています。

ユーザーイノベーションの中でも、リードユーザーによるものは、商業的に魅力度の高いことが指摘されています（von Hippel, 2005; Franke, von Hippel, & Schreier, 2006）。コミュニティには、このリードユーザーのアイデアに有効なフィードバックを与えて、より一般化することを助長する役割があります（Hienerth & Lettl, 2011）。コミュニティでは、市場の最先端をいくリードユーザーのニーズを、一般寄りに揺り戻して、より多くの人に受容されるアイデアにするという働きがあります。試作品ができ上がると、それを使ったうえでフィードバックを行うという、テスターとしての役割を果たします。さらに商品化された場合には、それをコミュニティ外にも拡散して、起業をサポートする役割まで果たします（Hienerth & Lettl, 2011）。

ユーザーイノベーションが商品化にまで至るには、アイデアのブラッシュアップとともに、認知を拡大し、需要を開拓することも必要です。まずは少人数のコミュニティでアイデアをブラッシュアップして、その後、規模の大きいコミュニティで意見をもらったり、試作品を試してもらったり、オピニオンリーダー的な人にアイデアを拡散してもらうのが理想的な形のようです（Hienerth & Lettl, 2011）。コミュニティは、アイデアの原石を形にする場であると言えるでしょう。

4　コミュニティへの誘引

①コミュニティ参加へのモチベーション

コミュニティが、ユーザーイノベーションを普及させる有効な手立てであるにもかかわらず、実はユーザーイノベーターの中でコミュニティに参加している人の割合はわずか7・4%だという調査結果があります（Ogawa & Pongtanalert, 2013）。これでは、コミュニティの果たす、ユーザーイノベーションのさらなるブラッシュアップや、拡散させるなどの役割が、実質的にはほとんど活かされません。これまで、コミュニティに参加する人のモチベーションについては、さまざまな研究が重ねられてきました。

研究が始められた頃に調査対象となったのは、オープンソース・ソフトウェア（OSS）のコミュニティです。OSSは無数のボランティアが、専門家より質の高いソフトウェアを開発しているという点で、多くの研究者の関心を集めました。そして、行動経済学などさまざまな分野の研究で、コミュニティメンバーが社会のために、喜んで自分の時間を割いていることが、指摘されてきました（Ariely, 2009; Benkler, 2011など）。

ユーザーイノベーションの研究では、さらに具体的に、参加者のたどる道筋が明らかにされています。まず、コミュニティに参加するきっかけは、自分自身が何かしらの困りごとに直面するところから始まります。例えば、ソフトウェアを使っていて、急に不具合が出てしまった場合などに、インターネット上で検索をかけて解決策を探す、というのは誰しも経験があるのではないでしょうか。そうしてコミュニティにたどり着いて、他のメンバーからの助けを得て、自身の問題が解決されます。すると今度はお返しに、自分が誰かを助ける側に回るようになります。やがて、特に自分自身に困りごとがなくとも、コミュニティに参加するようになり、それが楽しみにすらなる人も出てきます（Shah, 2006）。コミュニティがニーズに駆られて参加する場所から、趣味の一部のような位置づけへと、徐々に変化しています。つまり、同じ人でも初めて参加する時のモチベーションと、継続して参加するモチベーションは異なるということです。

②内発的モチベーションと外発的モチベーション

コミュニティに参加するモチベーションは、ＯＳＳのコミュニティの例が示すように、同じ人でも時間を経るごとに変わるものであり、当然ながら、人によっても異なります。多様なモチベーションを整理して考える際に、心理学で提唱された、内発的モチベーション・外発的モチベーションという分類がよく用いられます（Deci, 1975; Deci &

Flaste, 1995など)。簡単にいうと、内発的モチベーションは自分の内側から湧き起こってくるもので、やる気や好奇心などがこれに当たります。外発的モチベーションは外からもたらされるもので、報酬に惹きつけられたり、ペナルティを避けようとすることなどが挙げられます。OSSのコミュニティへの参加の動機づけでいうと、初めの、必要に迫られての参加は外発的モチベーションです。その後の、他の人をサポートしたいから、あるいは楽しいからというモチベーションは、内発的なものです。

コミュニティの性質によっても、参加者のモチベーションが異なります。OSSのコミュニティのように、ユーザーが自発的に集うコミュニティには、必要に迫られてユーザーが自発的に参加します。これに対して、例えば企業が消費者との共創を始めるのに、メンバーを集めたいというような、企業が主導するコミュニティの場合、何らかの働きかけや、魅力的なインセンティブが必要になります。

③インセンティブの有効性

コミュニティ参加者にとって、個人的なニーズが満たされることに加えて、他の人からのフィードバックや楽しさが、重要であることが分かっています(Füller, 2010; Janzik & Raasch, 2011; Antorini, Muñiz, & Askildsen, 2012)。特に、共創コミュニティでは、個人的なニーズを満たすことより、楽しさが重要であることが示されています（Janzik & Raasch, 2011）。例えば、商品開発の共創では、すぐに商品が完成するわけではありません。「こんな商品が欲しい！」と思って共創に参加したとしても、そのニーズが満たされるのは随分先になります。それだけで参加者を動機づけることは難しく、参加者がプロセスを楽しめるコミュニティのデザインが必要となるでしょう。

なお、一部の参加者には金銭的インセンティブも有効です（Füller, 2010; Antorini et al., 2012; 青木, 2016）。直接お金を付与するのでなくとも、ポイントを付与したり、商品のサンプルを提供したりするケースです。ただし複数の調査において、金銭的インセンティブより、個人的なニーズが満たされることや、他者からのフィードバック、楽しさが、主な参加理由であるという結果が示されています（Shah, 2006; Füller, 2010; Janzik & Raasch, 2011; Antorini et al., 2012）。

私自身、金銭的インセンティブは１つの有効な手段になるのではないかと考え、さまざまな調査を実施しました。その結果、一定の参加者数を確保するには、金銭的インセンティブが有効であること、そして、それだけで共創の質を向上させることは困難であるということが分かりました。結局のところ、共創コミュニティでアイデアの質を向上させるには、優れたアイデアを持ち合わせた人を、どれだけコミュニティに呼び込めるかにかかっています。ちなみに、アイデア共創の質を高めてくれるような人にとっては、その人自身が目指すゴールと、共創の内容がフィットしているかどうかが最も重要です（青木，2017）。序章でも少し触れましたが、具体例を挙げると、料理ブロガーや料理教室の先生など、何かしら料理のプロとしてやっていきたいと考える人が、腕試しの場としてレシピサイトに投稿するようなケースです。この場合、レシピ投稿サイト自体が、多くの閲覧者を有していることや、テレビや雑誌、他のＷｅｂメディアから参照されるなど、影響力を持っていることがインセンティブになります。直接的に金銭的インセンティブを付与するのではなく、将来の収入につながるような機会の提供が、インセンティブとして有効だと言えるでしょう。

5　小括

本章の前半では、個人知の結集である、ユーザーイノベーションの可能性の大きさとともに、それが社会で十分に活かしきれていない現状について、先行研究での知見を交えて紹介しました。ユーザーイノベーションは、

●労働時間ではない時間に経済的価値を生み出す
●イノベーションの成果物に加えて、そのプロセス自体からも価値が派生する

という点で、社会に大きな効用をもたらす可能性を持ち合わせています（Hienerth et al., 2014; Raasch & von Hippel, 2015; Gambardella et al., 2016）。ただし、その効用を現実のものとするためには、ユーザーイノベーションが世の中に普及することが前提です。残念ながら、ほとんどのユーザーイノベーションが、広まることなく、発案者本人とその周辺にとどまります。先行研究では、ユーザーイノベーションの普及における「市場の失敗」として指摘されてきました（De Jong et al., 2015; von Hippel et al., 2017）。本書の背景には、この状況を少しでも変えたいという願いがあります。

本章の後半では、個人知を集結させる場として、コミュニティの有効性について述べました。コミュニティは、アイデアのブラッシュアップや、普及の場として非常に有効であるものの、コミュニティに参加するユーザーイノベーターは、ごくわずかです。結局のところ、市場の失敗への打開策とは言えない状況です。何か有効な手立てはないものかと考えた時に、コミュニティを介してユーザーイノベーションを共有したり、ブラッシュアップするのではなく、直接、それを必要とする人に提供する、C2C市場を活

用すればよいのではないかという仮説が浮かび上がってきました。これについては、第3章で詳しく述べます。

いずれにせよ、これまでの研究結果から、ユーザーイノベーションを普及させるには、外発的なインセンティブのみならず、人々の内発的モチベーションに働きかける必要があることが分かっています。内発的モチベーションは、外から見えづらいものであるがゆえに、アプローチをすることが困難です。ですが、その本質を理解することができれば、なかなか表に出てきづらい個人知を引き出せるのではないでしょうか。次章では、その本質に迫るために、ウェルビーイングの概念についての理解を深めます。

1——本パラグラフの内容は、小川（2000）に基づく。
2——本パラグラフの内容は、von Hippel（2005）に基づく。
3——本パラグラフの内容は、福原（2021）に基づくが、スノーボードがユーザーイノベーションだという解釈は、筆者によるものである。
4——Stuff（2011）"Ugg inventor traded dollars for surf" https://www.stuff.co.nz/business/world/4663934/Ugg-inventor-traded-dollars-for-surf（２０２３年４月にアクセス）

第2章

ウェルビーイング理論とは

1　本書の問い

私はこれまで、企業との共創活動に積極的に参加しているユーザーイノベーター、またはそれに準ずる人たちへのインタビューを重ねてきました。前章で述べた、ユーザーイノベーターの割合（人口の5％程度）や、コミュニティ参加者の割合（ユーザーイノベーターの7％程度）を考えると、稀少な人たちです。

なお、ユーザーイノベーターに「準ずる」とした理由を説明すると、ユーザーイノベーション研究では、そのアイデア（イノベーションのアウトプット）が過去にまったく存在しなかったものであるかという点を精査します。これに対して、本書で焦点を当てる個人知のシェア、すなわちスキルシェアはその点を問いません。個人の知識や経験を共有することで、何らかの課題を解決するという点に注目します。私が調査対象としてきた事象の中には、必ずしもユーザーイノベーションに該当しないケースも含むため、このように表記しました。

インタビュー協力者の方々の活動領域は、料理からモノづくり、教育など、実に多岐にわたり、活動内容もまったく異なります。企業が主導するコミュニティに参加している人もいれば、C2Cプラットフォームを通じて自分のスキルを活かす人、企業と直接つながって、商品開発やブランド啓蒙に協力する人など、さまざまです。ですが、それらの活動を通じて、日々の生活の充足感を高めているように見受けられることは、すべてのインタビュー協力者に、例外なく共通していることを感じました。そして、その充足感こそが、スキルシェアの原動力になっているのではないかという仮説を立てるに至りました。

共創活動への参加から派生する充足感が、本質的に意味するところは何かと考えた結果、私がたどり着いたのはウェルビーイングの概念でした。本書では、「なぜ知の共有がウェルビーイングを向上させるのか」という問いを追究していきます。そのために、本章ではウェルビーイングの概念についての理解を深めます。なお、私自身もこの分野について、学びながら研究を進めている途上です。ウェルビーイングについて、より深く詳しく知りたい場合には、本章で参照している書籍など、専門書を読まれることをお勧めします。

2 ウェルビーイングに関する研究

①ウェルビーイングの定義

ウェルビーイングとは、端的にいうと「心身ともに健康な状態」を指します。1948年に発効された世界保健機関（WHO）憲章の前文では、「健康とは、病気ではないとか、弱っていないということではなく、肉体的にも、精神的にも、そして社会的にも、すべてが満たされた状態にあることをいいます」と説明されています[(1)]。ウェルビーイングとは非常に広義であり、心理学、医学をはじめ、多岐にわたる分野で研究されてきました。近年は企業経営においても、従業員のウェルビーイングを実現することが注目されています（森永, 2019など）。

前野・前野（2022）では、ウェルビーイングを「健康・幸せ・福祉のすべてを包む概念」として、心理学、脳科学、工学、教育学や地域活性化など、多岐にわたる分野を含めて「幸福学」と定義しています。本書では、個人知を活用することの、心理面での影響に焦点を当てるため、ポジティブ心理学で提唱されるウェルビーイング（Seligman, 2011）に依拠していますが、幸福学とポジティブ心理学は、近い学問分野であることが述べられており（前野・前野, 2022）、ウェルビーイングの解釈は本質的に同義であると考えています。

②幸せとウェルビーイングの違い

近年、ウェルビーイングという言葉を耳にする機会が格段に増えました。なぜ「幸せ」ではなく「ウェルビーイング」という言葉が多用されているのでしょうか。両者の主な違いは、一時的な状態に焦点を当てるのか、人生そのものへの影響まで考慮するのかという点になります。内田（2020）では、「ヘドニア」、「ユーダイモニア」という古代ギリシャの哲学で提唱された概念を用いて説明しています。前者は短期的な喜びを幸福とし、後者は長期的な人生の生きがいを幸福と捉えます（内田, 2020）。つまり、ヘドニアを「幸せ」、ユーダイモニアを「ウェルビーイング」と捉えると、両者の違いを理解できるのではないでしょうか。人はヘドニア、ユーダイモニアの両方を追い求めるものであり、これまでの研究結果から、良いバランスが重要だとされています（内田,

2020)。ヘドニアに偏重すると、結果として逃げの人生になりかねず、ユーダイモニアに偏重すると、苦行の人生になりかねないといったところでしょうか。本書で焦点を当てる、個人知の蓄積やその活用は、生涯を通じて継続されるものです。そのため、本書ではウェルビーイングの概念を用いています。

マーティン・セリグマンは、ポジティブ心理学の研究において、それまでの幸福理論に疑問を呈し、ウェルビーイング理論を提唱しました[2]（Seligman, 2011）。幸せという言葉は、ポジティブな感情と結びつけられがちですが、本質的に人の幸せとは、必ずしも陽気で明るい側面のみで説明できるものではありません。これに対して、ウェルビーイングとは他者との関係性や、自律性、達成感などを包括的に取り扱う点で、幸福とは異なるとされてきました（Ryff, 1989; Seligman 2011; Medvedev & Landhuis, 2018; Ruggeri, Garcia-Garzon, Maguire, & Huppert, 2020）。また、幸福理論では、「幸せ」を人生への満足度で測定します。セリグマンはその尺度となる質問が、その時の気分に左右されるものであり、本質的に陽気な気分を測定するものであることに疑問を持ちました。人は、人生の満足度を1点（「ひどい」）から10点（「理想的」）で評価するように求められた時に、7割方、その時の気分に左右されて点数を付けてしまうものであり、頭で判断する割合は、3割にも満たないというのがその主張です。また、人生の満足度だけでは、例えば仕事に意義を見出したり、それに没頭したり、あるいは大切に思う人と深く関わることなどを、確実に網羅することはできません。そこで、セリグマンは、「自分たちを本当に幸せにしてくれるものは何か」という問いに立ち返り、「持続的幸福」の増大を目指す、ウェルビーイングの概念を提唱しました。

3　持続的幸福度とは

①持続的幸福度を構成する要素

ウェルビーイングには、それに寄与する要素が存在し、それぞれ計測することが可能です（Seligman, 2011）[3]。ウェルビーイングを測定する判断基準は「持続的幸福度」で、具体的に以下の５つの要素で構成され、頭文字を取ってＰＥＲＭＡと表されます。

● ポジティブ感情（Positive emotion）
● エンゲージメント（Engagement）
● 関係性（Relationship）

●意味・意義（Meaning）
●達成（Achievement/Accomplishment）

ポジティブ感情Ⓟは、文字どおり、楽しい、気分が良いなどと感じることで、幸福理論でテーマそのものであった、幸福感や人生の満足度もここに含まれます。「幸せ」という言葉から想起されるものは、たいてい、ここに分類されるのではないでしょうか。

エンゲージメントⒺは、何かに没頭できる度合いを表します。何らかの活動に没入する、「フロー状態」（Csikszentmihalyi, 1997など）を思い浮かべてもらうと良いでしょう。フローとは、苦もなく行動できて、完全に熱中している状態を言います（Csikszentmihalyi, 1997）。ポジティブ感情とエンゲージメントは、「自分がどう感じたか」であり、主観的に決まるものです。

順序が前後しますが、意味・意義Ⓜとは、要するに自分の人生や、行為にどれだけ意義を見出せるかどうかということです。これは主観的に決まる部分と、歴史や論理など、大きな流れの中で、相対的に判断する部分があります。その点で、前の2つとは異なります。

達成Ⓐとは、要はどれだけ達成感を感じられているかということです。その度合いはさまざまですが、短期的に何かを達成することと、その拡張で「達成の人生」、すなわち自分のやっていることに没頭して、勝つと快楽を得るというような人生の両方を含みます。前者においては、勝つことだけに重きが置かれており、必ずしもポジティブな感情やエンゲージメント、意味・意義と結びつくわけではないことに注目すると、前述の3つの要素とは別物です。

関係性(R)とは、他者とのポジティブな関係性で、孤独と対極にあります。ポジティブ感情、エンゲージメント、意味・意義、達成の、少なくともいずれかを伴います。大笑いをした時、人生の深い意味や目的を感じた時、何かを達成して誇りを感じた時、多くの場合、他者がいる場でそれらは起きています。セリグマン自身が、ひょっとすると他の要素と同次元で並べるべきものではないのかもしれないとしており、ウェルビーイングそのものという見方もできます。

②本書で持続的幸福度を用いる理由

本書では、ウェルビーイングの計測に、持続的幸福度（ＰＥＲＭＡ）を用いますが、その理由を述べます。ＰＥＲＭＡには、

⑴ウェルビーイングに寄与する
⑵そのものの良さのために多くの人が求める（他の要素を得るために、それを求めるのではない）
⑶他の要素から独立して定義され、測定される

という性質があります（Seligman, 2011）。⑴はもちろんのこと、⑶の測定可能であるという性質は、本書の「知の共有が、どのようにウェルビーイングの向上と関わるのか」という問いを追究するのに、非常に重要でした。なぜなら、ウェルビーイングの向上のような、非金銭的な社会的価値は可視化が難しいものです。そのため、これまではたとえユーザーイノベーションの普及が社会に有用だとわかっていても、それを実証するのは難しいことでした。そこへ持続的幸福度という測定可能な尺度を用いて、ユーザーイノベーションから派生する社会的価値を可視化できれば、非常に意義のある検証になるものと考えられました。

また、心理学において、人生の満足度が有効なウェルビーイングの指標とされている（大石, 2009）にもかかわらず、持続的幸福度を用いるのは、知を共有することが、人々の充足感につながっているのではないかという仮説を検証するのに適していたからで

す。仮にスキルシェアの効用をＰＥＲＭＡの要素に当てはめてみると、以下のようになります。

- ●スキルシェアによってポジティブ感情が得られる
- ●スキルシェアによって何かに没頭できる
- ●スキルシェアによってポジティブな人間関係を得られる
- ●スキルシェアによって人生に意義を見出せる
- ●スキルシェアによって達成を感じられる

仮にウェルビーイングを人生の満足度で測るなら、「スキルシェアによって人生の満足度が向上する」という仮説を検証することになります。これでは論理が飛躍しすぎているため、自説を持続的幸福度の測定尺度を用いて検証することにしました。

②共創参加者のモチベーションと持続的幸福度（ＰＥＲＭＡ）の対比

ここで、ユーザーイノベーションの研究と関連づけて、スキルシェアの効用を持続的幸福度の概念で計測することが、適切である理由について説明します。前章で述べたとおり、ユーザーイノベーターが、知の共有の場としてコミュニティに参加することが、ユーザーイノベーションの普及における「市場の失敗」に対する、1つの解決策だと考えられています。スキルシェアの第一歩とも言える、コミュニティ参加へのモチベーションとして、先行研究では楽しさや他者からのフィードバックなどが挙げられてきました。そして、それらが満たされることと、PERMAの要素には、多くの共通点が見受けられました。

表2-1は、心理学や、OSS、その他のオンラインコミュニティに関する先行研究を引用して提示された、オンラインの共創プロジェクトに携わる参加者のモチベーションの分類です（Füller, 2010）。10のモチベーション項目は、内発的モチベーション（**表2-1**中①と②）、内発化された外発的モチベーション（同③から⑧）、外発的モチベーション（同⑨と⑩）の3つに大別することができ（Füller, 2010）、内発的なものから外発的なものまで遍く網羅しています。

共創に参加することで、これらのモチベーションが満たされた時に、どのような効用があるのかという観点で、PERMAとの関連性を見ていきたいと思います（**表2-1**）。表中の記号は、◎はPERMAの要素そのものを表していると考えられるもの、○は各要素と関連すると考えられるもの、△は何かしら関連性があるだろうと考えられ

表2-1　オンラインの共創プロジェクトに参加するモチベーションと持続的幸福度（PERMA）

ラベル名	内容	P	E	R	M	A
① 内発的な楽しさ	楽しそうな活動に参加したい	◎	○			
② 好奇心	どんなものか知りたい	○	◎			
③ 他者貢献	開発者を手助けできる			○	◎	
④ 交流	共通の関心を持つ人たちと交流できる	○		◎		
⑤ 腕試し	達成感を得られる（共創活動＝チャレンジ）				○	◎
⑥ 情報収集	商品に関する有用な（趣味や今後の購入に役立つ）情報が得られる					△
⑦ スキルの向上	商品や技術に関する、スキルや知識を身につけたい					○
⑧ 他者認証	自分のノウハウを披露して、企業の開発者や他の参加者から認められたい			△	○	○
⑨ 現状不満からのニーズ	既存製品に満足できていないので、でき上がった商品を使いたい					○
⑩ 報酬	金銭的インセンティブがもらえる					○

出典：Füller（2010）より筆者が作成、PERMAとの照合を追加。

るものを表します。なお、**表2-1**の照合は、第3節第2項のPERMAの定義と、共創参加者のモチベーションを、単に照らし合わせたもので、何かしらの検証を行ったわけではありません。仮説的に示されたものとして参照してください。

まず、①の楽しい気持ちになることは、ポジティブ感情(P)そのものです。②の好奇心が満たされることも、これに該当しそうです。さらにこの2つは、活動に没頭する、エンゲージメントⒺにも通じるでしょう。前々節でも述べたとおり、エンゲージメントとは、何かに熱中しているフロー状態のことです。フローとは、苦もなく行動できる感覚であり（Csikszentmihalyi, 1997）、好奇心にかられている時、人はまさに無意識的に行動するのではないでしょうか。

③の他者貢献は、意味・意義づけⓂと見ることができます。共創に参加することが、開発者を手助けすることになるという意味づけは、その人自身の考えで、自分の行為に意義を見出していると解釈できます。そこから他者とのポジティブな関係性Ⓡも派生するでしょう。また、④の交流は、関係性Ⓡそのものです。

続いて、⑤の腕試しは、達成Ⓐそのものです。達成Ⓐには、短期的に何かを成し遂げることと、その拡張で人生そのものにおいて、何かを達成することに没頭することの両者が含まれますが、⑤腕試しに関しては、前者（短期的な達成）の方です。⑥情報収集は、それをサポートしうるものとして、△を付けました。⑦スキルの向上や、⑨の現状不満からのニーズが満たされる（共創プロジェクトで満足できる製品が開発される）こと、⑩の報酬も、この短期的な達成Ⓐに該当するでしょう。

一方、⑧の他者認証については、もう少し長期的な意味での達成Ⓐとも関連しそうです。自分のやっていることに没頭して、勝つと快楽を得るような人生、すなわち「達成の人生」を送る人にとって、他者から認められることは勝ちを実感させてくれるものの１つでしょう。また、自分のやっていることに意義を見出すⓂとも関連するでしょう。

このように、ざっと確認するだけでも、共創参加者のモチベーションが満たされると、持続的幸福度（ＰＥＲＭＡ）の水準が向上するのではないかと考えられました。現時点では仮説の域を出ませんが、この後の章で、これを検証していくことになります。

4　持続的幸福度（ＰＥＲＭＡ）の測定尺度

最後に、具体的な持続的幸福度の測定尺度（Butler & Kern, 2016）を紹介します。当尺度は、ＰＥＲＭＡの各要素に関して３つの質問が提示され、回答者は0～10の11点で回答するというものです。ＰＥＲＭＡに関する質問15項目に加えて、ウェルビーイング全般、ネガティブな感情、寂しさ、肉体的な健康に関する質問が合わせて８項目あり、計23項目から成ります。

幸福を測定する尺度については、先行研究において、多面的に検討すること（Ryff,

1989; Medvedev & Landhuis, 2018; Ruggeri et al., 2020）、そしてグローバルに適用できる普遍性（Ruggeri et al., 2020）が必要であると指摘されてきました。持続的幸福度の測定尺度（Butler & Kern, 2016）は、アメリカ、ヨーロッパ、アジア、アフリカ、オセアニアを網羅する11の定量的調査を経て（N=31,966）、７００以上の項目から23項目にまで絞られ、その妥当性が検証されています。本書では、バックトランスレーション(4)のプロセスを経て、これを和訳して調査に用いました。**表２－２**はＰＥＲＭＡに関する質問項目（和訳）の一覧です。ＰＥＲＭＡの各要素に関して、具体的にイメージしやすくなるのではないでしょうか。

5　小括

本章の冒頭で、本書を通貫する問いとその背景について述べました。個人知を世の中に引き出すことは、容易ではありません。ユーザーイノベーションが普及しづらいのもその表れです。ですが、ひとたびコミュニティに参加するなど、スキルシェアを行った人は、そこで楽しさや学びを得たり、他者との交流を楽しんだりしています。本書で

表2－2　持続的幸福度の測定尺度

P1	全般的に、あなたは楽しいと感じることが、どのくらいよくありますか？（0＝全くない、10＝いつも）
P2	全般的に、あなたは前向きに感じることが、どのくらいよくありますか？（0＝全くそう思わない、10＝とてもそう思う）
P3	全般的に、あなたはどの程度、満たされていると感じますか？（0＝全くそう感じない、10＝十分にそう感じる）
E1	あなたは自分がしていることに没頭することが、どのくらいよくありますか？（0＝全くない、10＝いつも）
E2	全般的に、あなたはどの程度、物事に刺激を受けたり興味を持ったりしますか？（0＝全くしない、10＝十分にしている）
E3	あなたは、何か楽しいことをしていて時間を忘れてしまうということが、どのくらいよくありますか？（0＝全くない、10＝いつも）
R1	あなたは自分が必要とするときに、どの程度、他の人からの手助けやサポートを受けていますか？（0＝全く受けられていない、10＝十分に受けられている）
R2	あなたはどの程度、愛されていると感じることがありますか？（0＝全くそう感じない、10＝十分にそう感じる）
R3	あなたは、個人的な人間関係にどのくらい満足していますか？（0＝とても不満だ、10＝十分に満足している）
M1	全般的に、あなたはどの程度、目標があって意義深い人生を送っていますか？（0＝全く送れていない、10＝十分に送れている）
M2	全般的に、あなたはどの程度、自分の人生において自身が行なっていることが有用でやりがいのあるものだと感じていますか？（0＝全くそう思わない、10＝とてもそう思う）
M3	あなたは通常、どの程度、人生の方向性を掌握していると感じますか？（0＝全くそう感じない、10＝十分にそう感じる）
A1	あなたは自分の目標に向かって進捗していると感じることが、どのくらいよくありますか？（0＝全くない、10＝いつも）
A2	あなたは自身のために自分で決めた重要な目標を達成することが、どのくらいよくありますか？（0＝全くない、10＝いつも）
A3	あなたは、責任を持って物事に対処できることが、どのくらいよくありますか？（0＝全くない、10＝いつも）

注：オリジナルはPERMA以外の要素を含む23項目で、順序は各要素が点在する。

出典：Butler & Kern（2016）。

は、スキルシェアへの参画がウェルビーイングの向上につながるのではないかという仮説のもと、「知の共有が、どのようにウェルビーイングの向上と関わるのか」という問いを追究していきます。

ウェルビーイングという言葉について、耳にする機会が増えました。ウェルビーイングとは、「心身ともに健康な状態」を指します。幸せとウェルビーイングの違いは、前者が短期的な喜びに、後者は長期的な人生の生きがいに、重きを置いていることです。個人知の蓄積やその活用は、生涯を通じて継続する活動です。したがって、本書ではウェルビーイングの概念を引用します。

本書では、ポジティブ心理学で提唱される持続的幸福度（Seligman, 2011）を、ウェルビーイングの測定尺度として用います。持続的幸福とは、ウェルビーイングを構成する要素で、ポジティブ感情（Positive emotion）、エンゲージメント（Engagement）、他者とのポジティブな関係性（Relationship）、人生の意味・意義（Meaning）、達成（Accomplishment）という5つから成ります。頭文字を取って、ＰＥＲＭＡ（持続的幸福度）と表されます。これ以降の章でも、この表記を頻繁に用います。1つ1つの要素を覚える必要はありませんが、ＰＥＲＭＡという用語が出てきたら、ウェルビーイングの水準を表す、持続的幸福度のことだと思い出してください。

本章の最後に、ユーザーイノベーションの先行研究で提示される、共創参加者のモチベーションと、ＰＥＲＭＡの要素は関わりがありそうだということを、仮説的に提示しました。次章以降は、これに基づき、スキルシェアへの参画が、ウェルビーイングを向上させるのではないかという仮説を、実証的に検証していきます。

1――公益社団法人日本ＷＨＯ協会『世界保健機関憲章前文（日本ＷＨＯ協会仮訳）』https://japan-who.or.jp/about/WHO-what/charter/（２０２２年9月アクセス）

2――本パラグラフの内容は、Seligman（2011）に基づく。

3――本節の内容は、Seligman（2011）に基づいて、筆者の解釈を加えたものである。

4――英語を和訳した後、別の人が再び英語に翻訳し直して、原文と相違点がないかを検証。語学を専門とする、第三者機関による認証を得ている。

第3章

スキルシェアへの参画と持続的幸福度の関係性

1　はじめに

①シェアリングエコノミー市場におけるスキルシェア

本章では、スキルシェアに参画する人が、ウェルビーイングを向上させているのかどうかについて、調査を行います。それに先立って、本書でスキルシェアに注目する理由、およびスキルシェア市場の状況について簡単に述べます。

Belk（2007）はシェアリングを「自分の所有物を他の人が使えるように、あるいは他の人の所有物を自分が使えるように、やり取りする行為」と定義づけました。そして、市場経済、贈与経済に次ぐ、第三の枠組みとして、シェアリングの有効性を示しました（Belk, 2009; 2014）。実はそれ以前から、教育や文化、コンピューティングの発展に、人々の知識共有が寄与していることが指摘されてきました（Benkler, 2002; 2004）。つまり、スキルシェア自体は以前から行われてきたものの、近年、さまざまなオンライン上のプラットフォームが確立することで、個人が自らのアイデアを発信したり、収益化することが、容易にできるようになりました。個人知の結集であるユーザーイノベーションについても、この流れに乗ることで、普及を促進できるのではないかという考えから、本書では、スキルシェアに着目します。

シェアリングエコノミーは世界的に拡大しています。２０００年代終盤にAirbnb（２００８年）やUber（２００９年）が創業されると、それまでの常識を覆すものとして大きな話題となりました。法制度が整備されておらず、さまざまなところで軋轢を生みながらも、新たに資源を消費して物を生み出すのではなく、すでにある資源を共同利用するという発想は時代に受け入れられました。シェアリングエコノミーの５つの分類の中でも、スペース、モノ、移動のシェアは大量生産・大量消費、それに続く大量廃棄に歯止めをかけるものとして、大きく期待されています。

これに対してお金やスキルのシェアは、無形の資産の有効活用という見方ができます。例えばクラウドファンディングを活用すれば、個人が支援者から直接資金を集めることができます。それ以前は、起業などに対する融資は金融機関が行うものでした。そこへC2Cのプラットフォームを介したお金の流れができることで、個人が意思をもって投資を行うことができるようになりました。スキルに関しても同様で、クラウドワークスやランサーズのようなプラットフォームを介して、個人の知識や能力を、それを必要とする人に直接提供できるようになりました。依頼が来るかどうかは別として、プラットフォームに登録するだけで始められるのは、求職活動をして仕事を得ることと比較すると、飛躍的に障壁が下がるのではないでしょうか。

2021年度のシェアリングエコノミーの市場規模は2兆4198億円で、堅く見積もって2025年にはその1・6倍、2030年には3倍程度に拡大することが見込まれています。[1] その中でスキルシェアの占める割合は、2021年度で約11%、2025年度には約14%、2030年度には約17%と、順当に比率を高めるシナリオが描かれています。今後も、個人のスキルを活かす環境は整っていくとみて良いでしょう。

②本書におけるスキルシェアの定義

本書では個人知の共有に焦点を当てます。そのため、序章でも少し触れましたが、本書で取り扱うスキルシェアは、必ずしもインターネット上のプラットフォームを介さないケースも含みます。というのも、最初は仲間内でスキルシェアを始めるという人や、個人のブログやＳＮＳなど、プラットフォームを介さずに仕事を請ける人も少なくありません。

例えば、私が過去にインタビューした、人気で予約が取れない料理教室の主宰者は、友人に頼まれて料理を教えるうちに、友人の友人、友人のブログを見た人など、参加希望者が広がっていったため、正式に料理教室を始めたそうです。彼女は、３世帯同居で家族の人数が多く、日々手早く食事を作る工夫をしてきたものの、料理を専門的に学んだわけではありませんでした。そんな自分が、料理教室を開くことに戸惑いがあったといいます。ですが、教室の参加者にとっては、特別な食材ではなく、どこにでも手に入るものを使って、美味しい料理を作れることが価値であり、それが自分の強みだと認識してからは、迷いが消えたそうです。

このように個人知は、その人のあらゆる体験から蓄積されていくものであり、それゆえに、本人がその優位性に気づいていない可能性が多々あります。周囲から指摘され、求められて、徐々にその価値に気づきます。ひとたびその価値に気づくと、積極的にスキルシェアに関与し、時にはそれがライフワークになることもあります。こういった初期段階での気づきは、実生活での他者とのつながりの中で得られることが多いため、本書ではオフラインでのＣ２Ｃのつながりも重要視します。よって本書ではスキルシェアを、オンライン・オフラインにかかわらず、個人知を他者に共有することと広義に捉えます。また本書では、スキルシェアで自身の知識やスキルを提供している人を調査の対象とし、「スキルシェア参画者」と呼ぶことにします。サービスの受け手に関しては、その範疇に含みませんので、これ以降も「スキルシェア参画者」という場合には、サービスの提供者側として読み進めてください。

③「市場の失敗」に対するスキルシェアの有効性

前章で、ユーザーイノベーターにとって魅力的なインセンティブがないために、ユーザーイノベーションが実質的にはほとんど普及しないという、「市場の失敗」について述べました。私は、ユーザーイノベーターがC2Cのプラットフォームに参画することで、インセンティブの欠如という問題をかなりの程度、解決できるのではないかと考えています。

というのも、もしユーザーイノベーターが自分でアイデアを具現化していれば、それを出品するだけで、金銭的インセンティブを得られる可能性があります。起業したり、企業に売り込んだりせずとも、それを必要とする人に直接販売することができるわけです。もちろん、売れない可能性もありますが、そのこと自体が、市場からの重要なフィードバックだと言えるでしょう。これまでの研究で、ユーザーイノベーターにとって、他者からの反応や自らの学びなどが重要であることが分かっています（Füller, 2010; Janzik & Raasch, 2011; Antorini, Muñiz, & Askildsen, 2012）。プラットフォームに参画すると、必然的にそれらを得ることになります。

つまり、イノベーションの成果物を販売することも含めて、C2Cでスキルシェアを行うことは、金銭的インセンティブだけでなく、社会的インセンティブをもたらすのではないかというのが、本書の見立てです。社会的インセンティブは客観的に測ることが困難であり、これまで十分に議論されてきませんでした。そこで、本書ではこれを持続的幸福度（PERMA）の測定尺度を用いて計測し、スキルシェアのもたらす社会的価値を明らかにすることを試みます。

2　調査概要

①調査の目的

本書では「知の共有は、ウェルビーイングの向上という社会的価値を創出するのか」

について、明らかにすることを、繰り返し述べてきました。その第一歩として、3つのグループを対象に、下記2つの比較調査を実施しました。[2]

(1)ハンドメイド作家・一般の人の比較
(2)さまざまな分野のスキルシェア参画者・一般の人の比較

目的は、スキルシェアを行っている人と、そうでない人の持続的幸福度（PERMA）の水準を比較することです。前者の持続的幸福度の水準が高ければ、知の共有がウェルビーイングの向上に寄与しているのではないかという仮説が支持されます。

1つ目の調査では、スキルシェア参画者として、ハンドメイド作家を対象に調査しました。ハンドメイド市場は、minne（ミンネ）やCreema（クリーマ）など、個人が手軽に出展できるECサービスの発展に伴い、年々拡大傾向にあります。[3] C2Cのハンドメイド市場は、モノのシェアリングエコノミーとして分類されますが、[4] 作り手に目を向けると、それぞれの作家が自分の知識や経験を活かして、自分ならではの創作活動を行っており、まさに本書のスキルシェアの定義に当てはまります。今回は、百貨店などの催事でマルシェを開催し、ハンドメイド作家の販売をサポートするコミュニティに登録している人たちに、アンケート調査を実施しました。

そして、その比較対象として、同時期に、年齢・性別・居住地域において日本の人口分布の比率に準じた、1000人の18～74歳の男女にもアンケート調査を実施しました。このグループのデータを用いて、一般的な人の持続的幸福度の水準や、どんな条件が持続的幸福度と関連するのかを確認します。具体的には、年齢や性別などが持続的幸福度に影響するのかどうかなどです。ウェルビーイングに影響する要素については、すでにさまざまな研究結果がありますが、人々が主観的に捉える幸せの概念（ウェルビーイング）は、文化や思想的な背景に左右されます（Seligman, 2011; 内田, 2020）。正確にスキルシェア参画者と比較するためには、それらがほぼ同一条件で、スキルシェアへの参画だけが相違点だというような、グループのデータが必要です。そこで、コントロールグループとして、前述の条件で1000人の男女に調査を実施しました。

2つ目の調査は、ハンドメイドに限らず、一般的なスキルシェア参画者のデータを取得するために、追加的にアンケート調査を実施しました。そこで得たデータと、1つ目の調査で得たコントロールグループのデータについて、比較分析を行いました。

②調査の手順

ハンドメイド作家は、コミュニティに登録している人の数から、一定の回答者数を確保できるだろうと判断されました。そこで、コミュニティ主催者の協力を得て、Webサイトで告知してもらい、上限を200名と定めて回答者を募りました。

コントロールグループと、ハンドメイドに限定しないスキルシェア参画者は、調査会社を通じて回答者を集めました。後者については、どのくらいの割合で出現するのかが事前に分からなかったため、まずは1万人を対象に経験の有無を確認してみることにしました。1万人の18歳以上74歳以下の男女に、以下のスクリーニング質問を提示して、1と2を選んだ人を、スキルシェア参画者として、アンケートの回答に進んでもらいました。

> あなたはスキルシェアで収入を得たことがありますか。
>
> スキルシェアとは、自分の知識や経験、スキルを活かして、隙間時間などの好きな時間に収入を得ることを指します。通常、ランサーズやココナラ、タスカジなどのプラットフォームに登録して、それを必要とする人とのマッチングを行います。ご自身のスキルを活用したハンドメイド作品などを、販売することなども含

みます。
1.はい
2.収入を得たことはないが、無償でスキルをシェアしたことがある
3.いいえ

③アンケート内容

アンケートでは、まず各グループに共通で、回答者の基本的な属性情報を聞きました。具体的には、年齢、性別、婚姻状況、就業状況、最終学歴(5)についての情報です。これらの項目が、持続的幸福度の水準と関連性があるのかどうかを確認します。回答は定量的に分析できるように、あらかじめ数値化した選択肢を提示しました。年齢、性別（男性：1、女性：0）、婚姻状況（既婚：1、未婚：0）、就業状況（1：無職、2：パートタイム、3：フルタイム）、最終学歴（1：中学校、2：高校、3：短期大学・専門学校、4：大学、5：大学院卒業）について聞きました。性別と婚姻状況に関して、数値自体に意味はありません（ダミー変数といいます）。就業状況については、数値は就業時間の長さを表します。最終学歴については、数値は教育期間の長さを表します。これらは数値の大きさではなく、順序にのみ意味があります（順序変数と言います）。

持続的幸福度（ＰＥＲＭＡ）の水準は、前章で紹介した15項目の質問から成る尺度で測りました（第2章の**表2－2**を参照）。この尺度では、ＰＥＲＭＡの各要素について、3つの質問に、0から10の11段階で回答します。ＰＥＲＭＡの各要素のスコアは、3つの平均値で算出することが推奨されているので（Butler & Kern, 2016）、本書でもその方法に従いました。

また、ハンドメイド作家と、スキルシェア参画者には、それぞれに合う形で具体的な活動内容について質問しました。詳細については、調査結果とともに紹介します。

3　調査結果

本章と第5章では、統計的な分析結果について述べます。極力、分かりづらい用語を避けて記述しますが「有意」という言葉は外せないので、あらかじめ説明しておきます。

- 有意：統計的に「意味がある」つまり偶然によるものではないと裏づけられること
- ○%水準で有意：その結果が偶然によるものである確率が、○%未満であること例えば、ＡグループとＢグループの幸福度について、平均値を比較した時に、Ａグループの方が大きな値を示したとします。ただしその結果だけで、「Ａグループの方が、幸福度が高い」と結論づけるのは尚早で、有意かどうかを検定する必要があります。

本書では、有意確率が５％未満のものを、有意であると見なします。つまり、これ以降に紹介する調査結果が偶然によるものである確率は５％未満だということになります。本書に掲載しているグラフ内の数値で、統計的に有意であることが認められたものには、＊（アスタリスク）を付けています。アスタリスクが１つなら有意水準が５％未満、２つなら１％未満、３つなら０・１％未満であることを表します。

①サンプル概要

まず各グループの回答者（サンプル）について、簡単にまとめます（表３－１）。ハンドメイド作家は、２０１人から回答を得ることができましたが、回答内容に矛盾があるものなど、信頼性の低い回答者を除外して、１８５人分のデータを分析に使うことにしました。次にコントロールグループですが、実はスキルシェアを行っている人が21人含まれていました。そのため、これを除外した９７９人分のデータを、スキルシェア非参画者として分析に使いました。

表3-1　サンプル概要

	ハンドメイド作家	スキルシェア非参画者	スキルシェア参画者
n	185	979	107
平均年齢	35.2歳	47.8歳	46.2歳
性別			
男性	1.6%	50.8%	58.9%
女性	98.4%	49.2%	41.1%
婚姻状況			
未婚	21.2%	28.4%	35.5%
既婚	78.8%	71.6%	59.8%
就業状況			
1. 無職	43.2%	50.3%	17.8%
2. パートタイム	23.2%	13.9%	16.8%
3. フルタイム	24.9%	33.8%	65.4%
その他	8.6%	2.0%	
最終学歴			
1. 中学校		2.8%	1.9%
2. 高校		31.4%	26.2%
3. 短大、専門学校	−	21.5%	14.0%
4. 大学		38.8%	51.4%
5. 大学院		5.3%	6.5%
その他/無回答		0.3%	

3つ目のスキルシェア参画者は、スクリーニング質問の結果、132人がアンケートに回答しましたが、信頼性の低い回答者や、本書の定義するスキルシェアに該当しない回答者を除外して、107人のデータを分析に使いました。例えば除外した回答の中には、「ポイ活」がいく

つかありました。さまざまな企業が顧客に付与するポイントを上手に活用して、節約する活動です。本書では、スキルシェアを「個人知を他者に共有すること」と定義しました。ポイ活は、自分の知識を活用しているものの、他者に知識を共有はしているわけではありません。そのため、本書の定義づけるスキルシェアからは外れます。このように、本書の定義に照らして、スキルシェア参画者を精査しました。

表3-1を参照すると、スキルシェア参画者にはフルタイムで働く人が多い、ハンドメイド作家は圧倒的に女性が多いなど、グループごとに特徴が出ています。

ハンドメイド作家へのアンケートでは、具体的な活動内容などを詳しく調査しました。ここでその結果を紹介します。まず、以下はハンドメイドのジャンルとして挙げられた、上位項目です（複数回答可）。

●アクセサリー：57・2％
●バッグ・財布・小物：27・3％
●ニット・編み物：15・5％
●食べ物：15・5％
●ファッション：13・9％

●ベビー・キッズ用品：13・4％
●家具・生活雑貨：12・3％
●スマホケース・モバイルグッズ：10・2％
●アート・写真：10・2％

ハンドメイド作家のグループは、98％が女性でした（表3－1）。それゆえにアクセサリーや小物類など、自分自身もユーザーであろうと思われるアイテムが多いことが分かります。

また、どこから創作時間を捻出しているのかについては、以下の回答結果でした（複数回答可）。

●余暇の時間：76・8％
●睡眠時間：41・6％
●家事・育児の時間：33・0％
●勤務時間：7・0％

図3－1　1週間の平均創作時間

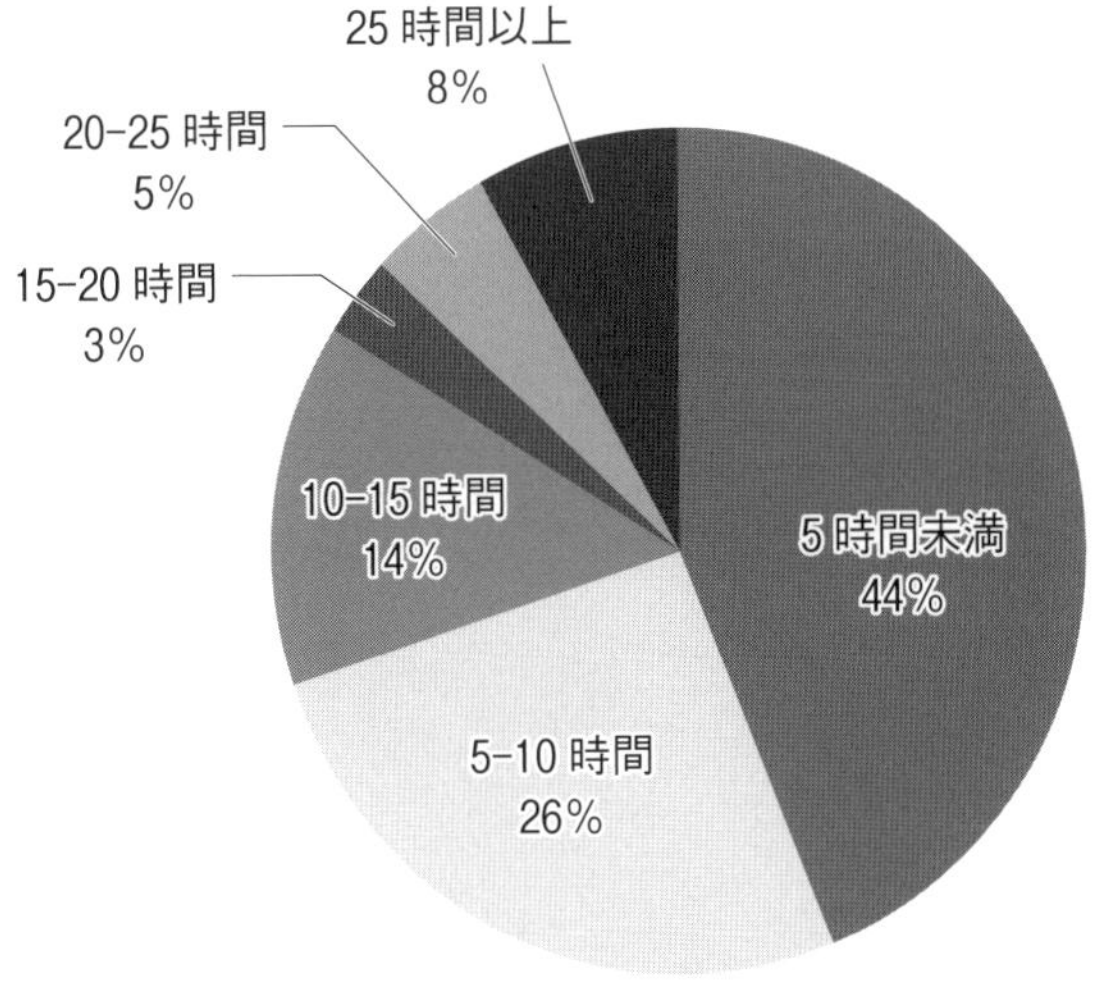

8割近くの人が余暇の時間、次いで4割の人が睡眠時間、3割の人が家事や育児の時間を挙げています。そこから、具体的にどのくらいの時間を捻出したのかを表すのが、**図3－1**です。1週間のうち、創作にどのくらいの時間を費やしているのかという質問に対して、7割の人が10時間未満を選んでいます。創作時間の捻出元の質問では、複数回答を可としているので、それぞれのハンドメイド作家が、忙しい毎日の中で、余暇の時間や睡眠、家事や育児にかける時間を少しずつ減らして、創作に充てていることが読み取れます。

また、1カ月の平均売上は、7割の

図３－２　１カ月の平均売上

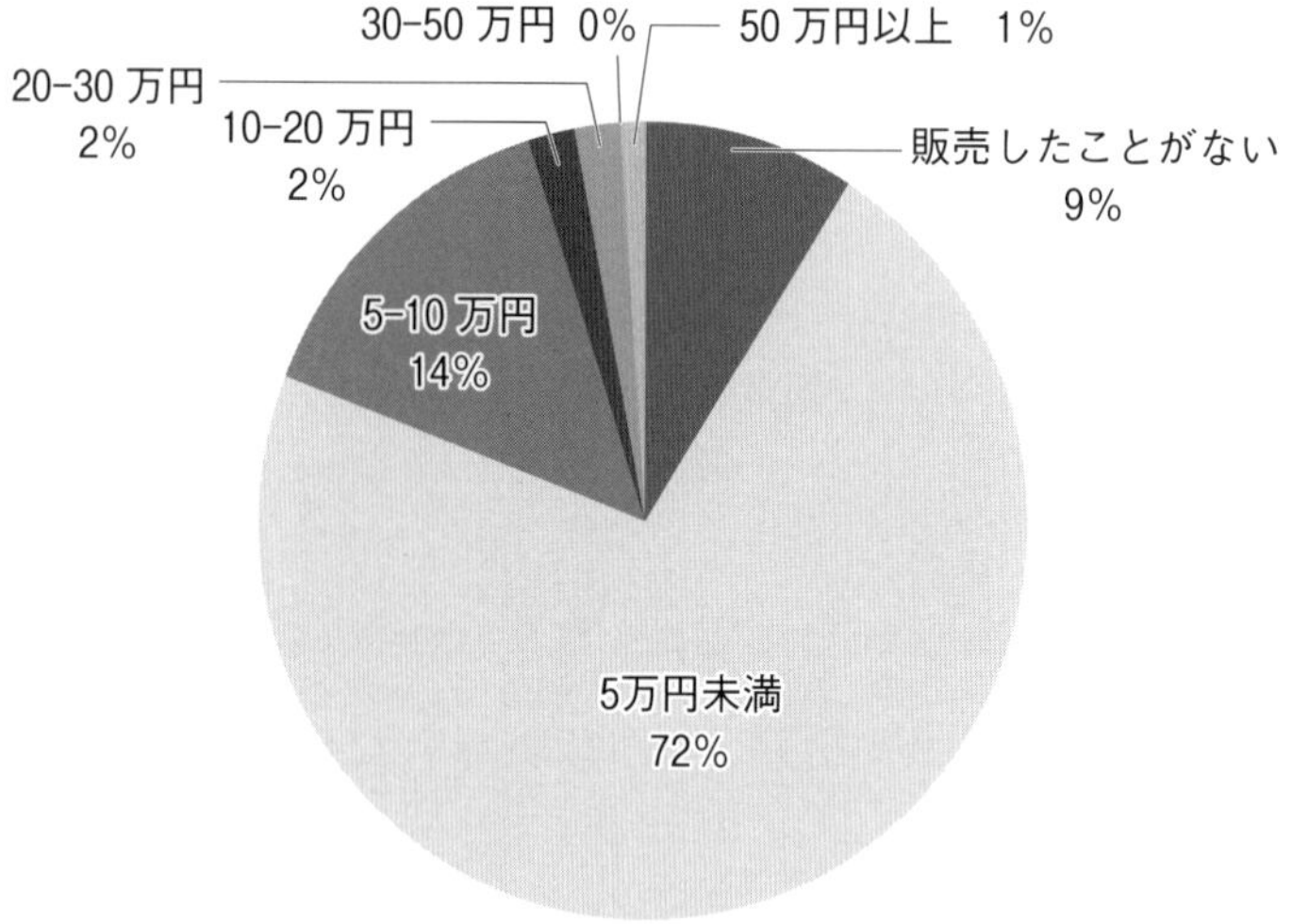

人が５万円未満です。コミュニティに登録はしているものの、まだ販売したことがないという人も１割近くいます（**図３－２**）。

販売したことのないという人を除く１６８人に、販売するようになったきっかけを質問したところ、「お小遣い稼ぎがしたかった」という人が最も多く（34・5％）、「自分の作品を誰かに使ってもらいたかった」（23・2％）がそれに続きました（**図３－３**）。

なお、自由回答でハンドメイド作家としての活動で困っていることを挙げてもらうと、時間的な制約があることや、思ったように収入が得られないことが、多くの人から挙げられまし

図3-3　販売を始めたきっかけ

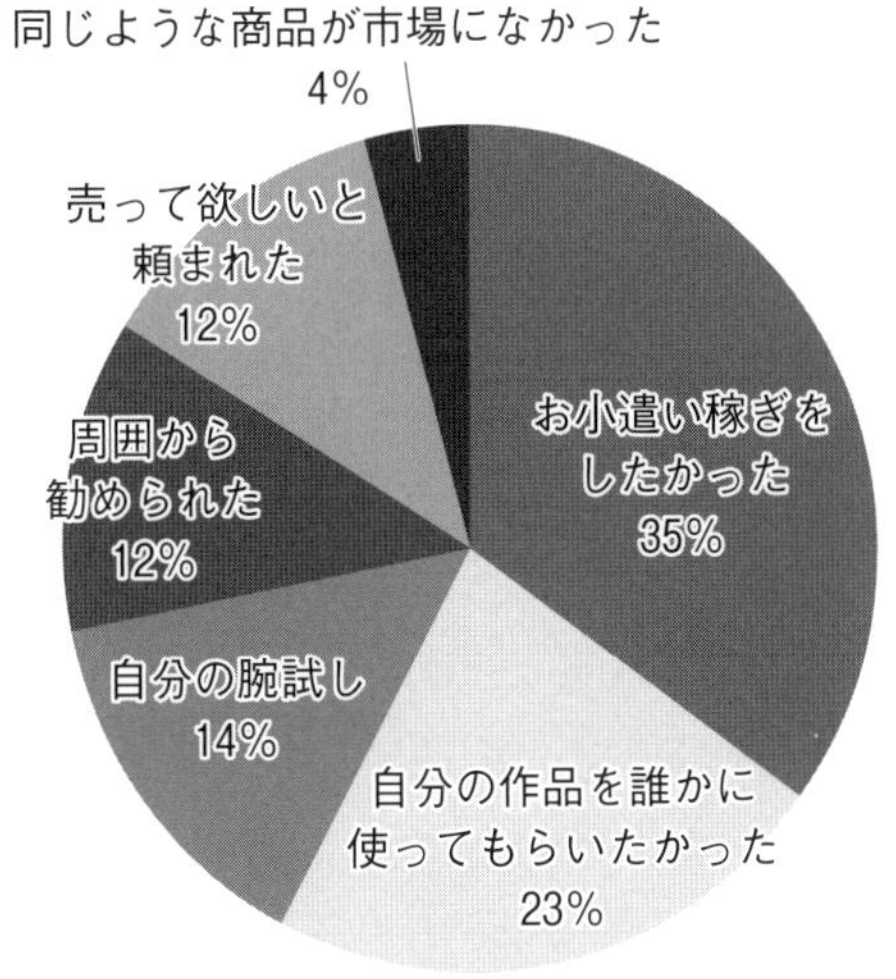

た。収入関連で言うと、価格を低く設定しすぎたり、販売個数を上回る材料を仕入れたりして、実質的には利益がほとんど残らないという声も聞かれました。時間の合間を縫って作品を作り、利益が出るかどうかというぎりぎりのラインで販売を行っているという、ハンドメイド作家像が浮かび上がってきました。

②持続的幸福度（PERMA）に影響を与える要素

ここからはコントロールグループ（スキルシェア非参画者）のデータを用いて、持続的幸福度（PERMA）に関する分析を行った結果を提示します。はじめに、年齢や性別などの基本属性で、持続的幸福度に影響を与えるものがあるのかどうかを確認しました。この分析は、スキルシェア参画者が、ウェルビーイングを向上させているのかを、より正確に確認するために行います。統計的な分析手法を用いて、PERMAの各スコアに、年齢、性別、婚姻状況、就業状況、最終学歴の5つの項目がどの程度影響するのかを確認しました。[6] なお、本書では分析手法の詳細については割愛し、結果のみを分かりやすい形で紹介します。統計的な分析の手法や結果などを確認したい方は、章末の注を参照してください。

分析結果を簡略化してまとめたものが**図3-4**です。分析は、先ほど挙げた5項目の基本属性と、PERMAの5つの要素、それぞれの関係性を確認していますが、統計的に有意であるものだけを掲載しています。[7] ここに出ていない、性別と就業状況は、持続的幸福度への影響が確認できなかったということになります。また、M（人生の意味や意義）は、どの要素からも影響を受けていないという結果になりました。

グラフの見方ですが、同じ項目内で、数値の大きさは、影響度合いの大きさとしての比較が可能ですが、項目間で数字の大きさを比較することはできません。例えば、同じP（ポジティブ感情）という項目内で、婚姻状況（0・07）と最終学歴（0・09）の数値を比較して、最終学歴の方がより影響力が大きいという見方をすることができます。一

図３-４　持続的幸福度（PERMA）に影響を与える要素

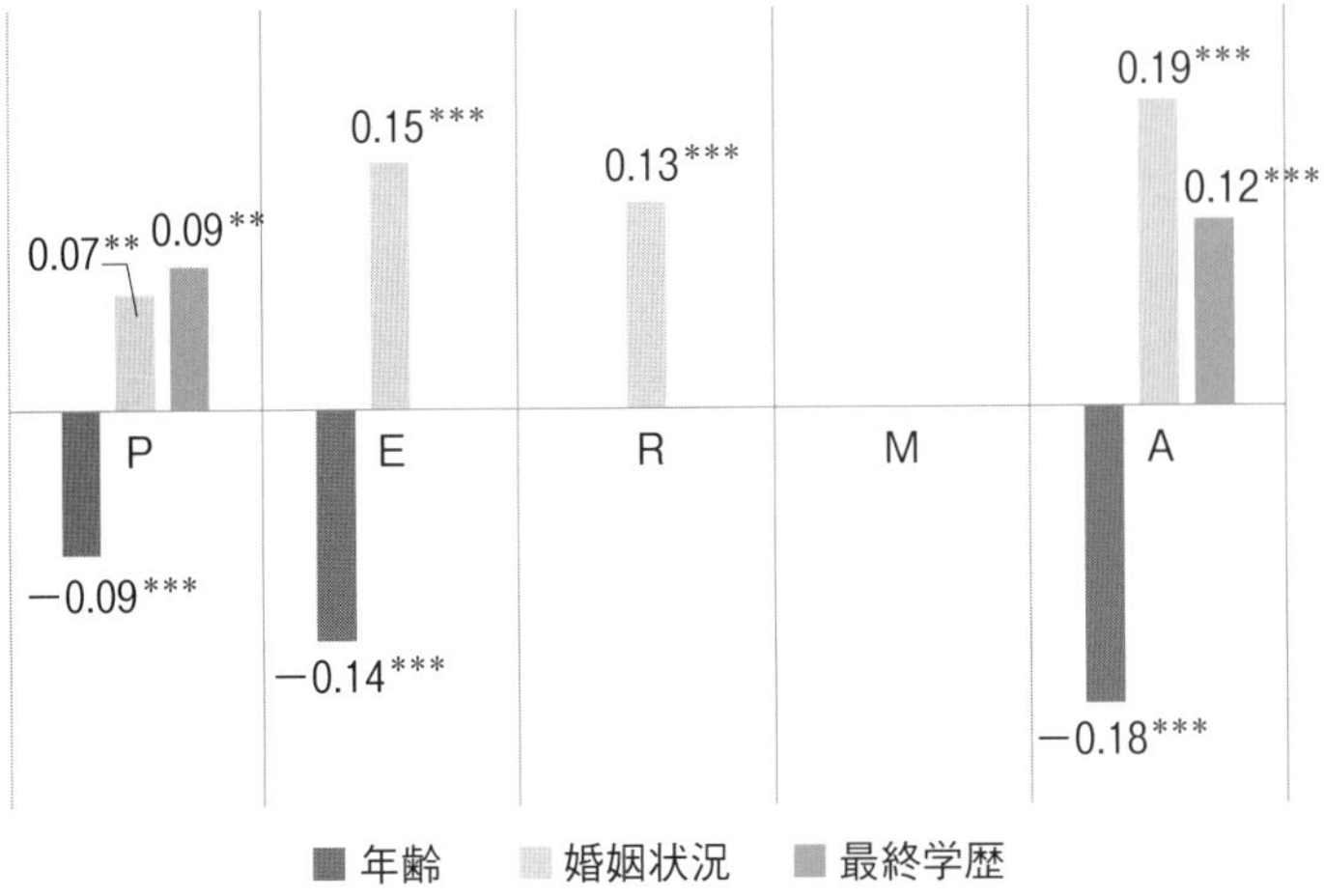

注：**有意水準１％未満、***有意水準0.1％未満

方で、Ｐの婚姻状況とＥ（エンゲージメント）の婚姻状況の数値を比較することに意味はなく、どちらが大きい、小さいという見方はできません。プラスの表記は正の影響で、例えば、既婚である場合に、ポジティブ感情、エンゲージメント、他者との関係性、達成のスコアが高くなる傾向を示しています。マイナス表記は負の影響を表しており、年齢が上がるとポジティブ感情、エンゲージメント、達成のスコアが低くなる傾向を示しています。なお、本書の目的からは逸れるため、ここで得た結果に関しての議論は行いません。

　この結果から言えるのは、年齢、婚

姻状況、最終学歴が持続的幸福度（ＰＥＲＭＡ）に影響を与える可能性があるということです。そのため、これ以降の分析で、スキルシェアが持続的幸福度に与える影響を測定する際には、これらの影響についても考慮することにしました。

③ハンドメイド作家とスキルシェア非参画者の比較

いよいよ、本題のハンドメイド作家とスキルシェア非参画者の持続的幸福度（ＰＥＲＭＡ）の比較結果です（**図3－5**）。グラフ内の数値は、回答者が0～10点で評価した、ＰＥＲＭＡのスコアの平均値です。グラフが示すとおり、ＰＥＲＭＡのすべての要素に関して、ハンドメイド作家がスキルシェア非参画者より、０・１％水準で有意に高いという結果になりました[8]。この結果が、スキルシェアを行うことによるものなのかを確認するために、先ほどＰＥＲＭＡの各要素への影響が確認された、年齢、婚姻状況の影響と合わせて、スキルシェアの効果を見ていきます。**図3－6**は、スキルシェアへの参画（ハンドメイド活動）と、年齢、婚姻状況が、それのみでＰＥＲＭＡにどのくらい影響するのかを表すグラフです。ＰＥＲＭＡに有意な影響を与えているもののみを掲示しています。ＰＥＲＭＡの５つの要素のうち、Ａ（達成）を除く、４項目で、スキルシェアへの参画が有意に影響していることが分かりました[9]。

図3－5　ハンドメイド作家・スキルシェア非参画者の持続的幸福度（PERMA）比較

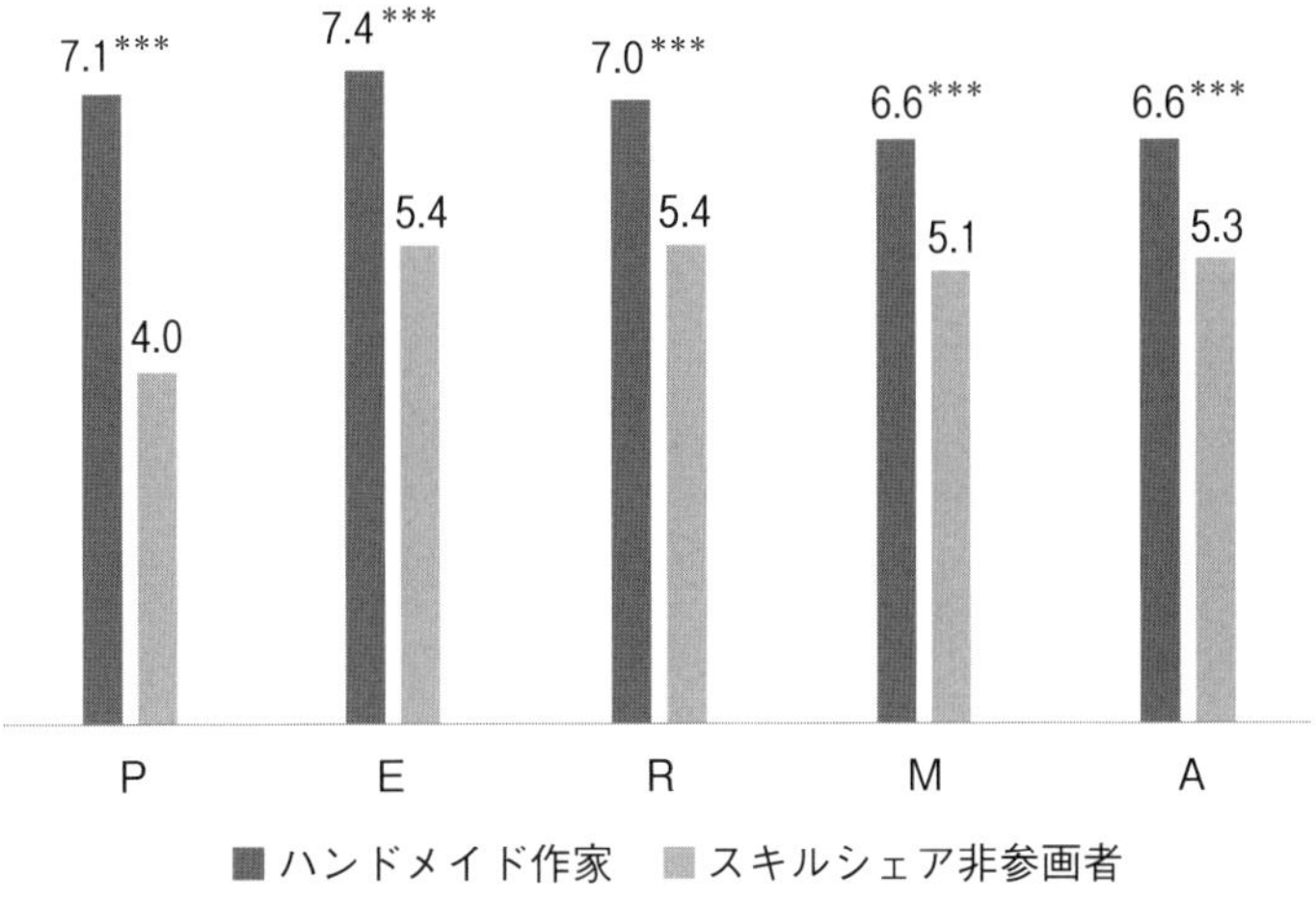

注：***有意水準0.1%未満

同じ項目内で、数値の大きさは、影響度合いの大きさとしての比較が可能です。グラフを見ると、Ｐ（ポジティブ感情）とＥ（エンゲージメント）に関しては、年齢や婚姻状況より、スキルシェアへの参画が大きな影響を与えていることが分かります（**図3－6**）。一方で、Ａ（達成）については、他の要素の影響を除くと、スキルシェアへの参画は影響をもたらさないことが示されています（**図3－6**）。なお、項目間で数字の大きさを比較することはできないため、その点には注意が必要です。

以上の結果から、スキルシェアへの参画は、ＰＥＲＭＡの要素すべて

図３－６　持続的幸福度（PERMA）に影響を与える要素（ハンドメイド作家）

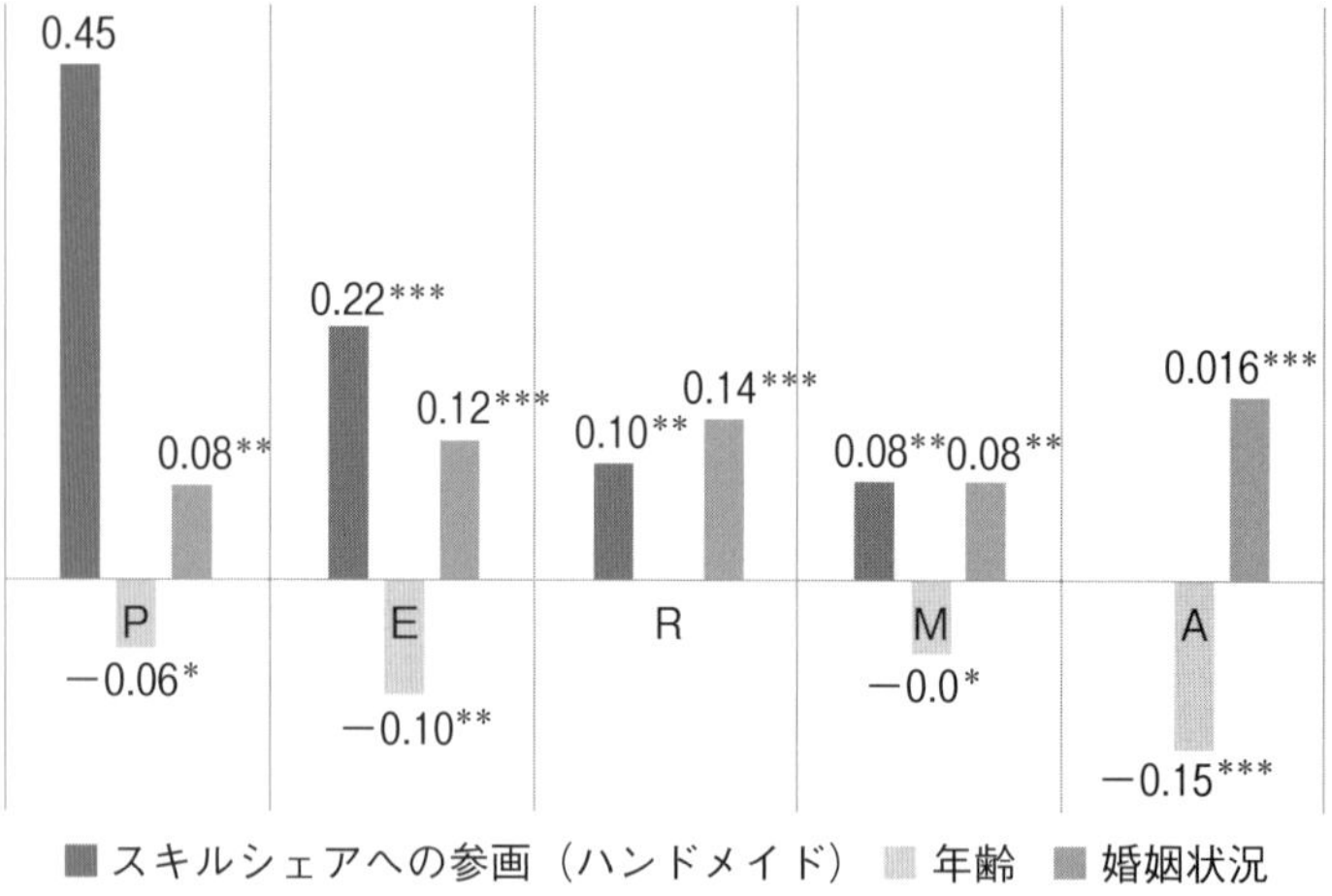

注：*有意水準５％未満、**有意水準１％未満、***有意水準0.1％未満

を向上させるという結果にはならなかったものの、持続的幸福度を向上させていることが分かります。

④スキルシェア参画者と非参画者の比較

次に、ハンドメイド作家に限らない、スキルシェア参画者と非参画者の比較結果です。先ほど述べたとおり、１万人の男女にアンケートを実施して、本書の定義するスキルシェア参画者に該当する人は１０７人でした。１０７人のうち、64人（59・8％）が、スキルシェアから何らかの収入を得ていました。その人たちが利用したことのあるプラットフォームには、メルカリ（26人）、クラウドワークス（23人）、ランサーズ（13人）などが挙げられました。また、活用しているスキルは、ハンドメイド、語学力、ＰＣスキル、プログラミング、会計知識、簿記、ネイリスト資格、教員経験、育児経験など、多岐にわたりました。スキルを身につけた経緯も、趣味が高じてというものから、職業（本業）を通じて、あるいは自主的に専門学校に通って得た、というものまで多岐にわたりました。

そして、スキルシェア参画者と非参画者の持続的幸福度（ＰＥＲＭＡ）のスコアを比較した結果が**図３-７**です。分析の結果、Ｒ（他者との関係性）以外の項目で、スキルシェア参画者のスコアが０・１％水準で有意に高いことが分かりました。[10]

さらに、この結果が本当に、スキルシェアを行うことによるものなのかを確認するために、先ほどＰＥＲＭＡの各要素への影響が確認された、年齢、婚姻状況、最終学歴の影響と合わせて、スキルシェアの効果を見ていきます。**図３-８**は、スキルシェアへの参画と、年齢、婚姻状況、最終学歴が、それのみで、ＰＥＲＭＡ（今回はR以外の４つの要素）にどのくらい影響するのかを表すグラフです。[11] ＰＥＲＭＡに有意に影響しているものだけを表示しています。

グラフから読み取れるのは、まず他の要素からくる影響を除いてもなお、スキルシェ

図3-7　スキルシェア参画者・非参画者の持続的幸福度（PERMA）比較

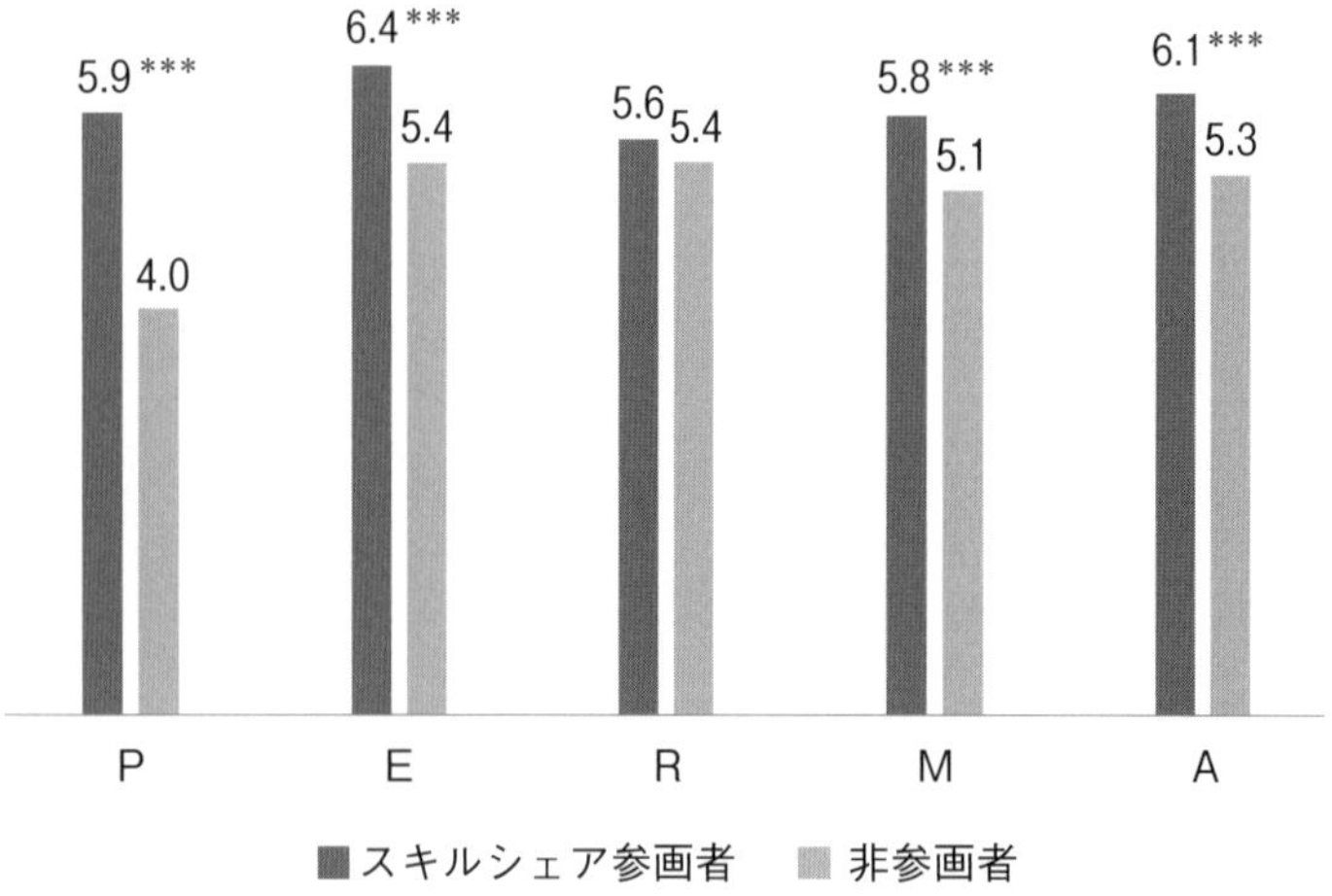

注：***有意水準0.1%未満

ア参画の影響は有効だということです。また、数値を比較すると、P（ポジティブ感情）、E（エンゲージメント）、M（人生の意味や意義）については、スキルシェアへの参画が最も大きな影響を与えていることが分かります。以上の結果から、スキルシェアへの参画は、持続的幸福度の向上に寄与していると考えられます。

今回、スキルシェア参画者の中にもスキルシェアを有償で行う人（59・8％）と、無償で行う人（40・2％）がいることが分かりました。有償の人（平均年齢44・3歳、男性45・3％）が64人、無償の人（平均

図３－８　持続的幸福度（PERMA）に影響を与える要素

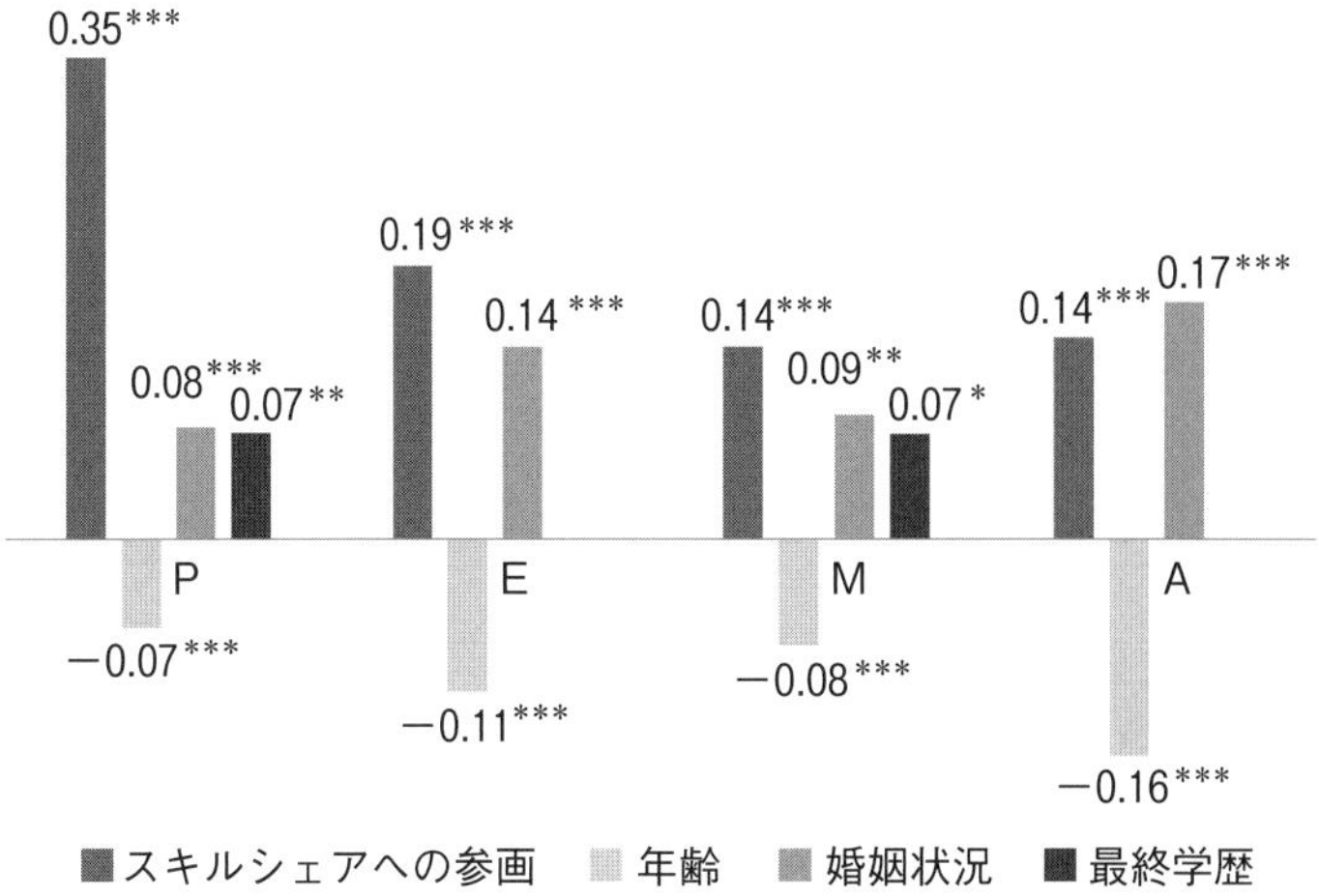

注：*有意水準５％未満、**有意水準１％未満、***有意水準0.1％未満

年齢48・9歳、男性79・1％）が43人と、サンプル数が十分ではないのですが、金銭的インセンティブがPERMAに影響を与えるのかどうかについて、確認することにしました。その結果、PERMAのどの要素においても、グループ間で有意差は認められませんでした（**図３－９**）[12]。

⑤スキルシェアのメリット

分析には使用しませんでしたが、アンケートではスキルシェアのメリット（やっていて良かったこと）についても聞いています。結論から先に述べると、スキルシェアへの参画によって、PERMAのスコアが上がるという調

図3-9　有償者と無償者の持続的幸福度（PERMA）比較

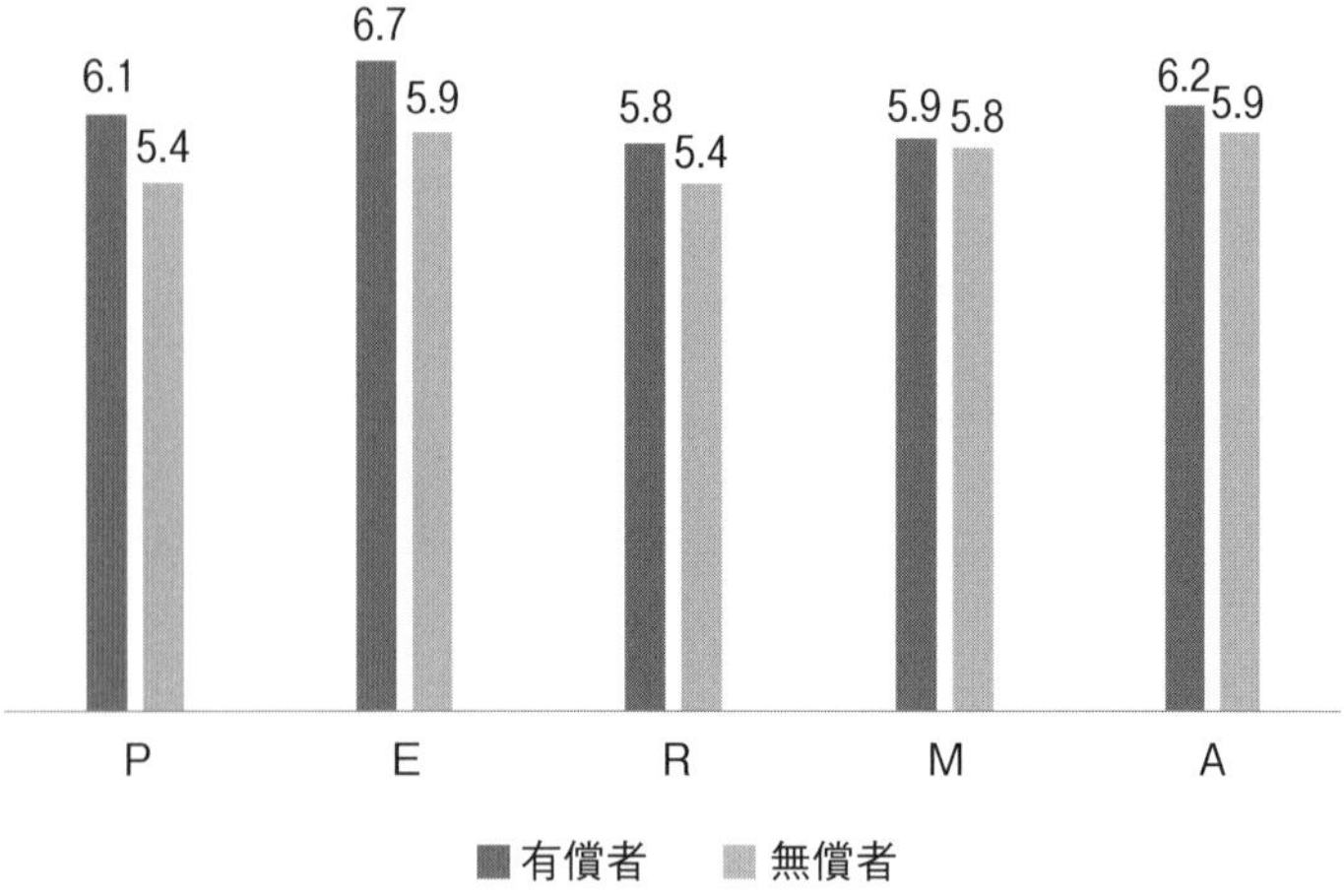

査結果と整合するものでした。例として、一部を紹介します。

まずはハンドメイド作家の声です。括弧内にハンドメイドのジャンルと、1カ月の平均売上を併記しています。コミュニティでのアンケート調査ということで、より詳しく回答してくれる人が多かったようです。1つの回答に、複数のPERMAの要素が含まれています。

●「作品の創造は楽しいし、周りからも一目置かれる」（ファッション、5～10万円）：P（ポジティブ感情）、R（他者との関係性）

●「楽しい・人とつながっている（専業主婦だとつながりが少ないので）・購入

していただいた方の感想を聞くと嬉しくて、創作意欲が湧く」（ミニチュアパン、5万円未満）：P（ポジティブ感情）、R（他者との関係性）、A（達成）

●「時間を有効的に使えるようになった。日々技術向上を目指して前向きに過ごせるようになった。利益が出るまでにはならないが毎日を楽しく過ごせる」（アクセサリー、家具・生活雑貨、カービング、5〜10万円）：E（エンゲージメント）、P（ポジティブ感情）

●「自分が作ったもので人を笑顔にできることに一番やりがいを感じています」（アクセサリー、5万円未満）：M（人生の意味や意義）、A（達成）

販売金額の多寡によらず、ハンドメイド作家が創作とその販売を通じて、ウェルビーイングを向上させていることが伝わってきます。販売を始めたきっかけとして、お小遣い稼ぎを挙げる人が最も多いのですが（図3-3）、その活動を通じてさまざまな人とつながりを持てたことや、感謝されることの喜びを感じるなど、内発的モチベーションが満たされていることが分かりました。

続いて、スキルシェア参画者の声です。括弧内にスキルのジャンルと、有償・無償のどちらであるかを併記しています。第2章で紹介した持続的幸福度（PERMA）の定義そのもののような記述が散見されます。

●「自己肯定感があり楽しい」（ハンドメイド、有償）、「何となく役立っていることが分かると嬉しい」（PCスキル、無償）：P（ポジティブ感情）

●「作っている時間に没頭できて、ストレス解消になる」（ハンドメイド、有償）、「無心で作れる」（裁縫能力、無償）：E（エンゲージメント）

●「治安の悪化防止（近所の空き巣被害をきっかけにスキルシェアを開始）」（電気工事士免許による防犯設備工事、有償）：M（人生の意味や意義）

●「仕事完成により得られる達成感」（文章力、有償）：A（達成）

定量的な分析の結果、有償者と無償者のPERMAに違いが見られませんでしたが、自由記述の内容についても、差異がないように見受けられます。全般的に、メリットに関する記述は、自身のスキルを活用することと、PERMAの水準の向上の関連性を裏づける内容が多く見受けられました。

⑥スキルシェアのデメリット

続いて、デメリット（困っていることや不満点）についても参照します。まずは「特になし」という回答が多かったものの、⑴時間的制約と収益化の難しさ、⑵顧客や他の参画者との信頼関係という、２つの課題が浮かび上がってきました。

⑴の方から見ていきましょう。まずはハンドメイド作家の声です。括弧内にハンドメイドのジャンルと１カ月の平均売上に加えて、１週間の平均制作時間を併記しています。

● 「製作時間と売上が釣り合わない」（アクセサリー、バッグ・財布・小物、スマホケース・モバイルグッズ、５万円未満、10時間以上15時間未満）

● 「価格の付け方。道具や材料への投資をどのくらいしていいのかの判断に迷う」（バッグ・財布・小物他、５万円未満、20時間以上25時間未満）

価格の付け方の難しさを挙げる人は多く、それが収益化を阻んでいるようです。

続いて、スキルシェア参画者の声です。先ほどと同様に、括弧内にスキルのジャンルと、有償・無償のどちらであるかを併記しています。

●「報酬単価が安いので、もっと高くなったら嬉しい」（文章力、有償）
●「収入が安定しない。外で働くことに比べると、収入が段違いに低い」（ファイナンスの知識、有償）
●「知人だと安い料金になり、ボランティア感覚に陥る」（教員免許、有償）
●「際限なく時間が取られそうで、自分の時間が持てなくなっています」（ＰＣスキル、無償）

プラットフォームを介している場合、そこで設定されている単価の低さを指摘する声がある一方で、自分で価格を設定する場合には、やはり価格設定の難しさが挙げられました。また、無償で依頼されることへの不満なども見受けられました。

次に、⑵の顧客や他の参画者との信頼関係に関する課題を見ていきます。まずはハンドメイド作家の声です。

●「批判やクレームがあったらと思うと怖い」（アクセサリー他、５万円未満）
●「売れないものはなかなか売れない、デザインや形など、頑張って考えた商品がネットに上げてしまうと模倣される悲しさ」（バッグ・財布・小物他、５万円未満）

●「自分が考え出したものでも被っているものがないかとても気になります」（アクセサリー他、５万円未満）

顧客との関係性の他に、自分のアイデアが模倣されてしまうこと、また、自分の作品がそう思われてしまうのではないかという、両方の面で不安の声が上がっています。続いては、スキルシェア参画者の声です。

●「自分だけの知識が流出してしまう」（プラモデルの知識、有償）
●「いい出会いがある反面、ふつうに仕事していたら会わないような悪い人間に出会う」（料理、有償）
●「報酬の支払いなどのトラブルに巻き込まれる危険性がある」（プログラミング、有償）
●「顧客がターゲットとする要望に対して（必要とされる能力と業種）１００％専業の業種の者が携わるわけではない場合が多いため、完璧を求める顧客にとっては不服の可能性も考えられる」（英語力、ＰＣスキル他、有償）

やはり模倣に対する懸念が上げられるとともに、自分自身のスキルと顧客の期待に差があることへの不安の声も上がりました。

ここで明らかになった、スキルシェア参画者が感じる不安や不満は、スキルシェアの発展と大きく関わる重要な課題です。第6章では、これらをどうすべきかについて、検討していきます。

⑦結果のまとめ

ここまでの調査結果から、スキルシェアに参画することは、持続的幸福度（PERMA）を向上させることにつながると考えられます。1つ目の比較調査（ハンドメイド作家とスキルシェア非参画者）と2つ目の比較調査（スキルシェア参画者と非参画者）ともに、5つの要素すべてに有意な影響を与えているという結果にはなりませんでしたが、どちらも4つの項目で、年齢、婚姻状況、最終学歴などPERMAに影響を及ぼしうる他の要素の影響を除いても有意でした。つまりスキルシェアへの参画は、当事者のウェルビーイングの向上に寄与することが示されました。

これまでの研究で、ユーザーイノベーターが個人知を駆使して、労働時間以外の時間を使って経済的価値を生み出すことの重要性が指摘されてきました（Gambardella et al.

2016; Raasch & von Hippel, 2015)。本章の調査で、ハンドメイド作家が余暇の時間に創作した作品を販売していましたが、まさに労働時間以外の時間を使って、経済的価値を生み出しています。ユーザーイノベーションの研究では、イノベーターが自分のアイデアを普及させる労力に見合ったインセンティブが得にくいことから、実はそのほとんどが普及せずに本人とその周囲にとどまってしまう、「市場の失敗」が指摘されてきました（De Jong et al., 2015; von Hippel et al., 2017）。Ｃ２Ｃのスキルシェアの仕組みを通じて、金銭的インセンティブを得ることは、１つの解決策になると考えられます。

ただし、実質的には利益を出すまでにはいたらないという声も聞かれます。スキルシェア参画者の満足は、自分自身が没頭できたり、社会的なつながりを得られたりするなど、どちらかというと内発的モチベーションが満たされることから来ているようです。しかしながら、やはり金銭を得ることに対する期待は大きく、活動を持続させるためには、収益化をサポートする施策などが必要と考えられます。

4　小括

本書では、スキルシェアの定義を「個人知を他者に共有すること」と定め、それを行う人を「スキルシェア参画者」として、焦点を当てることを述べました。本書では、「シェア」の場をオンライン上に限定せず、オフラインでの知識共有も含みます。とはいうものの、現在、政策的にシェアリングエコノミーの拡大が進められ、オンライン上のスキルシェア市場も成長が期待されています。そこで、この仕組みを、ユーザーイノベーションの普及における「市場の失敗」への解決策として、活用できるのではないかという考えから、本書を成す研究の着想に至りました。

本章では、知の共有が、ウェルビーイングの向上という社会的価値を創出するのかを確認することを目的に、3つのグループでアンケート調査を行い、2パターンの組み合わせで、スキルシェア参画者と非参画者のウェルビーイングの水準を比較分析しました。そして、2つの比較分析において、スキルシェア参画者の持続的幸福度（PERMA）の水準が、非参画者より有意に高いという結果を得ました。このことから本章では、個人知を活用することが当人のウェルビーイングの向上に寄与すると結論づけます。

本章の調査の結果から、スキルシェア参画者がウェルビーイングの向上という、非金銭的な効用を得ていることが示されたことは、本書の最も大きな研究成果の1つです。先行研究においても、ユーザーイノベーターの非金銭的モチベーションの重要性が指摘されてきましたが（Shah, 2006; Füller, 2010; Janzik & Raasch, 2011; Antorini et al., 2012）、本章の調査では、持続的幸福度の測定尺度を用いて、これが満たされていることを可視化しました。

コロナ禍を機に、働き方も大きく変わりました。組織に拠らない個人知の重要性は、今後さらに増すものと考えられます。第5章でも触れますが、副業を認める企業も増加しており、スキルシェアの動きは今後も加速するでしょう。それが経済的価値のみならず、ウェルビーイングを高めるものであることが周知されれば、個人の中にとどまっている有用な知の共有を、さらに促進できるのではないでしょうか。

最後に、本章で残された課題について整理します。まず、本章の調査では有償でスキルシェアを行う人と、無償で行う人の間で、持続的幸福度の程度に有意差は見られませんでした。ただし、有償のスキルシェア参画者からは、収入が得られることをメリットとして挙げる人が少なくはありませんでした。少なくとも、金銭的報酬が満足にはつながっていると考えられます。一方で、さまざまな先行研究において、金銭的インセンティブと社会的インセンティブの相反性が指摘されています。これついては、十分なサンプル数での検証を含めて、第5章で精査します。

そして、本調査ではスキルシェア参画者の持続的幸福度が有意に高いことが示されましたが、なぜその結果が生じるかについての検証には至っていません。個人知の活用を促進するためには、これを明らかにすることが必要です。よって、次章ではスキルシェア参画者へのインタビューを行って、なぜスキルシェアへの参画がウェルビーイングの向上につながるのかを考察します。

1——株式会社情報通信総合研究所『シェアリングエコノミー関連調査２０２１年度調査結果』https://sharing-economy.jp/ja/wp-content/uploads/2022/01/1d6acc7e6a69d1938f054c8878ba43b.pdf（２０２３年2月にアクセス）

2——調査の実施時期は、⑴は２０１９年1月、⑵は２０２０年3月。

3——業界最大手のCreemaによると、顕在化している市場規模は約４００億円、潜在市場は約３０３０億円（２０２３年第３四半期説明資料より）。

4——デジタル庁『シェアリングエコノミー活用ハンドブック（２０２２年3月版）』https://www.digital.go.jp/assets/contents/node/basic_page/field_ref_resources/5adb8030-21f5-4c2b-8f03-0e3e01508472/20220331_policies_sharing_economy_handbook_01_0.pdf（２０２３年2月にアクセス）

5——スキルシェア参画者・非参画者のグループのみ取得。

6——ＰＥＲＭＡの各スコアを従属変数、基本属性を独立変数とした重回帰分析を実施。事前に各従属変数の残差の正規性、および各独立変数のＶＩＦがいずれも2未満で多重共線性に問題がないことを確認している。以降の分析も同様の手続きを経て重回帰分析を行っている。

7——重回帰分析の結果、年齢はPositive emotion（$\beta=-0.09, t=2.47, p<0.001$）、Engagement（$\beta=-0.14, t=3.99, p<0.001$）、Achievement（$\beta=-0.18, t=5.15, p<0.001$）に、婚姻状況はPositive emotion（$\beta=0.07, t=2.05, p<0.001$）、Engagement（$\beta=0.15, t=4.39, p<0.001$）、Relationship（$\beta=0.13, t=3.69, p<0.001$）、Achievement（$\beta=0.19, t=5.50, p<0.001$）に、最終学歴はPositive emotion（$\beta=0.09, t=2.71, p<0.01$）、Relationship（$\beta=0.12, t=3.52, p<0.001$）に有意な影響があることが示された。グラフに記載しているのは、標準化係数（β）の値。

8——マンホイットニーのU検定を実施。

9——スキルシェアの有無、コントロール変数としての年齢、婚姻状況を独立変数、Positive emotion、Engagement、Meaning、Achievementのそれぞれを従属変数とする重回帰分析を実施。欠損値はリストごとに除外。その結果、スキルシェアの有無は、Positive emotion（$\beta=0.45, t=16.11, p<0.001$）、Engagement（$\beta=0.22, t=7.28, p<0.001$）、Relationship（$\beta=0.10, t=3.22, p<0.01$）、Meaning（$\beta=0.08, t=2.71, p<0.01$）において、有意な正の影響を与えていることを確認。グラフに記載しているのは、標準化係数（β）の値。

10——正規分布を前提としない、マンホイットニーのU検定を実施。Positive emotion（$p<0.001$）、Engagement（$p<0.001$）、Meaning（$p<0.001$）、Achievement（$p<0.001$）において、有意差あり。

11——スキルシェアの有無、コントロール変数としての年齢、婚姻状況、最終学歴を独立変数、Positive emotion、Engagement、Meaning、Achievementのそれぞれを従属変数とする重回帰分析を実施。欠損値はリストごとに除外。その結果、スキルシェアの有無は、Positive emotion（$\beta=0.35, t=12.12, p<0.001$）、Engagement（$\beta=0.19, t=6.56, p<0.001$）、Meaning（$\beta=0.14, t=4.59, p<0.001$）、Achievement（$\beta=0.14, t=4.82, p<0.001$）のすべてにおいて、有意な正の影響を与えていることを確認。グラフに記載しているのは、標準化係数（β）の値。

12——マンホイットニーのU検定を実施。

第4章

なぜ知の共有が持続的幸福度を高めるのか

——レゴファンの事例——

1　はじめに

前章の調査では、スキルシェア参画者の持続的幸福度が有意に高いことが示されました。ある程度、予想はしていたものの、明確に結果が示されたことで、今度はなぜそうなるのだろうという疑問が生じました。そこで、今度はアンケート調査のように定量的に分析をするのではなく、実際にスキルシェアを行っている人にインタビューすることで、深く掘り下げることにしました。インタビューの対象者は、大人のレゴ®ブロックファンです。はじめに、なぜスキルシェア参画者として、彼らを調査対象として選んだのかについて述べます。

世界最大級の玩具メーカーであるレゴグループ（以降、レゴ社）は、1932年にデンマークで設立されました。１９５８年に現在の形状のレゴ ブロックが発売され、60年以上にわたり世界中で販売されています[1]。実はレゴ ブロックには、大人の愛好者（Adult Fans of LEGO：以降、ＡＦＯＬ）が世界中に存在します。レゴ社ではＡＦＯＬのアイデアを積極的に採用しており、いち早く、ユーザーとの共創を行う企業として、多くの研究でその競合優位性が示されてきました（Prahalad & Ramaswamy, 2004; Lauwaert, 2008; Jensen, Hienerth, & Lettl, 2014; Hienerth, Lettl, & Keinz 2014; Schlagwein & Bjorn-Andersen, 2014など）。またレゴ ブロックの共創コミュニティに参加するユーザーのモチベーションに焦点を当てた研究もあり、コミュニティへの帰属意識や他のメンバーとの関係性、企業の製品開発者とのコンタクトなどの重要性を指摘していますAntorini et al., 2012）。レゴ社とユーザーの共創は、新商品のアイデアからプログラミング[2]まで多岐にわたります。

実はレゴ社では、Ｂ２Ｃの共創だけでなく、レゴファン同士、つまりＣ２Ｃのアイデア共有も活発です。詳細は後のパートで述べますが、ユーザーイノベーションとも言える、ユーザー発の新しい使い方が生み出されることもあります。レゴファンは、個人知の共有を調査するのに適切な対象でした。本章では、自身のアイデアを他者に共有するレゴユーザーに注目して、その共有がその人自身にどのような影響をもたらしているのかを考察します。ある一時点でのモチベーションではなく、経年的な変化を追う点、また企業ではなく、ユーザー自身にもたらす効果に焦点を当てた点が、この調査の特徴的なところです。

2　調査概要

①調査の目的

インタビュー調査の目的は、個人知の共有が、何をきっかけにどのように行われているのか、またそれが何をもたらすのか、客観的に事実を聞き取ることです。そのため、一問一答ではなく、対話の中でさまざまな質問をして理解を深める、デプスインタビューを行いました。インタビューは、あらかじめ全員に必ず聞く質問を決めて、あとは個々のインタビュー協力者の経験に紐づいたエピソードを掘り下げる、半構造化の形式をとりました。

これまでの研究でも示されているとおり、ある人がコミュニティや共創活動に参加するモチベーションは、時間の経過とともに変わります。そのため、インタビューでは、一般的な情報と研究テーマに関わる情報を織り交ぜて、その人のレゴとの関わりを時系列で聞きました。最終的には、知の共有が持続的幸福度に与える影響を考察するためのインタビュー調査ですが、インタビュー自体は客観的な情報を集めることが目的です。インタビューでは、こちらの聞きたい情報に偏ることなく、話し手から自発的に発せられる情報を受け取って、それに対する質問を重ねます。そのプロセスを繰り返すことで、定量的な調査ではなく、インタビューを通じてしか得られない、質的なデータを蓄積していきます。

②インタビュー協力者の選定方法

インタビュー協力者は、レゴ製品に関して何らかの形で、アイデアを他者に共有している ことを条件に選定しました。具体例を挙げると、ＳＮＳに自分の作品を投稿している人や、作品ではなく、レゴブランドの人形（ミニフィギュア）を使って撮影した風景写真を投稿しているような人たちです。一人目は、私の勤務する大学で、レゴを題材に卒業研究を行っていた学生にインタビューを受けてもらいました。彼女自身、レゴ好きが高じてレゴストアでアルバイトをしたり、レゴのユーザーコミュニティが開催する、世界的なイベントでのボランティア経験があるという、かなりのレゴファンです。ですが、「もっとすごい人がたくさんいる」とのことで、彼女から次のインタビュー協力者を紹介してもらいました。そこから、同じように、次のインタビュー協力者を紹介してもらう「スノーボールサンプリング」で協力者を増やし、最終的に10名のＡＦＯＬへのインタビューを実施しました。インタビューは、これ以上継続しても、おそらく新しい話は出てこないだろうと思われた時点で、終了しました（この状態を「理論的飽和」といいます）。インタビューは２０２０年9月から２０２１年2月にかけて行われ、インタビューの所要時間は、最短30分、最長１２０分、平均59分でした。

インタビューを通じて、レゴのアイデア共有の活動は、大きく3つに分けられることが分かりました。１つ目が、おもちゃ写真、通称「オモ写」と呼ばれる活動です。レゴに限らず、さまざまなおもちゃやフィギュアをモチーフに、自分の世界観を写真で表現するというもので、レゴの場合は通称ミニフィグと呼ばれる、小さな人形を使うことが多いようです。背景には、外の風景が使われたり、グラフィックデザインと組み合わせたものがあったり、創り手によってさまざまです。２つ目は、レゴ ブロックを用いたオリジナル作品の創作です。私自身、レゴの創作活動と聞くと、ブロックを使った作品づくりが真っ先に思い浮かんでいたのですが、見本どおりに組み立てるのではなく、オリジナル作品を作ることは難易度が高く、ＳＮＳの発展に伴い、オモ写を楽しむＡＦＯ

Lが増えているようです。3つ目が、レゴ®マインドストーム®などを用いた、動くオリジナル作品の創作です。今回のインタビュー協力者の内訳は、以下のとおりです。

(1)オモ写（おもちゃ写真）：4名
(2)レゴ ブロックを用いたオリジナル作品の創作：4名
(3)レゴ マインドストームを用いたオリジナル作品の創作：2名

インタビューもこの順に行われました。

③インタビュー内容

前々項でインタビューは半構造化の形式を取ることを述べましたが、具体的なインタビュー内容は大きく2つに分けられます。まずは過去に遡って、レゴを使い始めた時期やきっかけ、その時の楽しみ方、そして、どのような経緯で他の人と作品を共有するようになったのかについて、質問しました。それから、現在のレゴとの関わり方に関する質問です。購入状況や他のユーザーとどのような関わりがあるのか、公式コミュニティには所属しているのか、またレゴ社と関わることはあるのかなどについて聞きました。

インタビュー協力者は、過去の話から現在の話まで丁寧に話してくれましたが、最も熱が入るのは、自身の作品についての話でした。写真や動画を交えて、創作時に工夫したことや、苦労したこと、その作品を他の人に見せた時の反応など、さまざまなエピソードを聞くことができました。

④分析方法

インタビューの内容はすべてテキスト化して、いったんすべての要素を分解して、そこから理論を構築するという手法をとります。グラウンデッド・セオリー・アプローチ（GTA）と呼ばれる分析方法です。単にインタビューデータを読んでいるだけでは、自分の文脈で読んでしまいがちです。このバイアスを取り除くために、いったんデータを内容ごとにバラバラに切り離します（才木，2016）。非常に時間のかかる作業ですが、このプロセスを経ることで、客観的にデータと向き合うことができます。具体的には、以下の手順を踏みました。[3]

(1)インタビューデータを内容ごとに切り離して（切片化）、その内容を具体的に表すコンセプト名を付ける（この作業を、インタビューを実施する毎に繰り返す）

⑵関連性の高いコンセプト同士をまとめて、上位概念（１次カテゴリー）を抽出
⑶関連性の高い１次カテゴリーをまとめて、抽象化する上位概念（２次カテゴリー：コアカテゴリーとそれ以外）を抽出
⑷理論構築のための分析

最初の段階では、話し手の言葉に近い具体的なコンセプトが並びますが、上位概念ほど抽象化します。そうして、個人知の共有が何をもたらすのかについて、理論を構築していきます。

分析の最後に、１次カテゴリーと持続的幸福度（ＰＥＲＭＡ）の概念（Seligman, 2011）と照合することで、個人知の共有と持続的幸福度との関連性を確認しました。

分析結果は、この調査について予備知識のない、二人の研究者に確認してもらいました。どちらも経営学を専門とし、インタビュー調査も豊富な研究者です。第三者の目で理論の展開に矛盾点はないか、フィードバックを受けました。また、三人のインタビュー協力者にも分析結果を見てもらい、違和感がないかどうかを確認してもらいました。

3　調査結果

①GTAの結果

テキスト化したインタビューデータ（9万4213字）を、内容ごとに細かく切り分けた結果、964の切片に分解されました。その964の切片にコンセプト名を付けていくのですが、データを読み込むと、同じ人がある内容について何度か言及したり、別の人も同じ内容について言及したりすることがあります。そうすると、それらにはすべて同じコンセプト名が付きます。同じ人が繰り返し言及したり、複数の人が言及したりすると、そのコンセプトには多くの切片が紐づきます。そうすると、インタビュー全体を通じての出現頻度が一目瞭然になります。このような作業を通じて、インタビューデータを客観的に咀嚼していきます。

コンセプトには、調査の主旨に関連しないものも含まれます。個人知の共有に、少しでも関連するものを残す形で、67のコンセプトが導出されました。そこから関連性の高いもの同士をまとめて、上位概念を抽出していきます。最終的に、22の1次カテゴリー、7つの2次カテゴリー（2つのコアカテゴリーを含む）へと集束しました（**表**

4－1）。なお、コアカテゴリーとは、今回の調査でいうと、個人知の共有に最も重要な影響を与えるカテゴリーを言います。

調査結果は、**表4－1**を小分けにする形で、７つの２次カテゴリーに沿って、それに紐づく１次カテゴリー、その下位のコンセプトの内容を照らしながら記述します。そのため、**表4－2**から**表4－8**の中のコンセプトと１次カテゴリーは、通し番号が記載されています。また、小見出しおよび表のタイトルに記載しているアルファベットは、**表4－1**中の２次カテゴリーの表記と対応しています。

◆A　レゴの原体験

表4－2は２次カテゴリー「レゴの原体験」を構成する１次カテゴリー、およびその下位のコンセプトです。初めてレゴとの関わりを持った、幼少期の体験についてのパートです。

まず、インタビューイーらとレゴとの出会いは、幼少期に遡ります。ほとんどの人が、親から与えられて、レゴブロックに慣れ親しむという体験を経ていました。

保育園の時に誕生日に買ってもらったのが１番最初で、そこからずっと誕生

表4-1　GTA結果

1次カテゴリー	2次カテゴリー
1　幼少期の体験 2　レゴ ブロックの優位性	A）レゴの原体験
3　レゴの再開 4　インターネットを介した新しい楽しみ方	B）新たなレゴ体験
5　創作への没頭 6　自己との一体化 7　資金の投入	C）忘我状態
8　創造性を育む要素を認識 9　自分の持つ知識の転用	D）知的好奇心の充足
10　実現したい理想 11　究める際のハードル	E）ゴールの設定と達成に伴う課題
12　他のユーザーとの協力 13　深いコミュニケーション 14　フィードバックを受ける機会 15　上位者の存在 16　自分の作品の客観視 17　第三者からの承認 18　レゴ社との協力関係 19　企業への関心・理解 20　レゴを介した社会との関わり	F）共創と競争による知識・体験の深化
21　問題意識 22　他者貢献	G）次世代への体験の継承

表4-2　GTA 結果 -A）レゴの原体験

コンセプト名	1次カテゴリー
1　幼少期から始まるレゴ／ブロックとの関わり 2　与えられた環境 3　黙々とする／のめり込む 4　幼少期に満たせなかったもの 5　インターバル	1　幼少期の体験
6　レゴ ブロックが好き 7　ブロックがカチッとハマる感覚	2　レゴ ブロックの優位性

日、クリスマスに買ってもらうのはレゴばっかりになっちゃって。

レゴ ブロックを定期的に与えられていることが多く、レゴで遊ぶことが習慣になっています。そのため、彼らはレゴ ブロックの優位性を体感的に経験しています。

ブロックがぱちっとはまっていく、しかも子どもの頃だといろんな色のブロックがあって、それがぱちっとはまっていく、それが積み重なって形が出来ていくというのは、あまり他にはないことだと思っている。

ブロック同士がカチッとはまる感覚の快感や、一度はめると外れることがないという商品特長については、インタビュイーらから共通して聞かれました。ここが他のブロック玩具との、大きな違いであるといいます。

やがて成長に伴い、彼らはレゴ ブロックでの遊びを中断する時期を迎えます。他の遊びが楽しくなってきた、部活が忙しくなったなど、理由はそれぞれですが、徐々に生活からレゴがフェイドアウトしていくというパターンが多いようです。また、何年も遊んでいると、持ち合わせているブロックだけでは飽きてしまったという声も、少なからず聞かれました。

この幼少期の原体験は、後々の体験に大きく影響することになります。特に、体で感じたブロックの記憶は、強く残っているようです。

◆B 新たなレゴ体験

表4-3は2次カテゴリー「新たなレゴ体験」を構成する1次カテゴリー、およびその下位のコンセプトです。大人になって、再開してからのレゴとの関わりについてのパートです。

何らかのきっかけで、インタビューイーらは1度離れていたレゴを再開します。大学での教材としてレゴに触れる機会があった、自分の子どもがレゴで遊ぶようになったなど、きっかけはそれぞれですが、一度ブロックに触れると昔の感覚が蘇るというエピソ

表４－３　GTA 結果 -B）新たなレゴ体験

コンセプト名	１次カテゴリー
8　インターバル後の接点 9　自ら製品の購入 10　ブロックの永続性 11　魅力的な商品ラインナップ	3　レゴの再開
12　持ち運ぶ習慣 13　オモ写 14　SNS への投稿 15　オンライン上での他のユーザーとの関わり	4　インターネットを介した新しい楽しみ方

ードは、各者に共通していました。

久しぶりにくっつけたりで遊んで、ああ楽しいなっていうのがあって、気がついたらそこからかなり復帰してたっていう感じです。

そして、昔使っていたブロックがそのまま使えることで、レゴ ブロックの優位性を再認識したという声も聞かれました。

世代を超えて使えるっていうのが、レゴの強みだと思いますね。今のお父さん世代が使っていたものを子どもが遊ぶっていうのを、Twitter で見たりするので。レゴってやっぱ固いってさっき言ったんですけど、頑丈なんですね、言葉を変えると。だから四半世紀持つ、それくらい強度があるっていうことですね。

再開後は、以前のように買い与えられるのではなく、自分自身で製品を購入することになります。そうすると幼少期にはなかった商品ラインナップが次々と目に入ります。

(子どもに)買い与えているうちに、「こんな面白いのが出ている!」となって、自分が楽しくなって抜けれなくなって…

また、インターネット上で他の人の作品を見たり、自分が創作したものをSNSに投稿するという楽しみ方も、幼少期にはなかったものです。

家族の分身とは、家族をモチーフにしたミニフィグ。自分の分身的なのを常に持っている。出かけた先で写真を撮る。

これは、家族に見立てたレゴのミニフィギュアで、日常のワンシーンを再現することを楽しんでいるという、オモ写ユーザーのエピソードです。

そもそもレゴは、屋内で遊ぶことを想定した玩具です。写真を撮るために外へ持ち運ぶという使い方は、ユーザー発のアイデアで、メーカー側では想定されていなかったのではないでしょうか。オモ写自体は、他のおもちゃですでに行われており、それをレゴでもやってみようと始めた人がいて、レゴファンの間でも広がったそうです。最初に取り入れた人は、レゴの新たな使い方を考案した、用途変革のユーザーイノベーターであると言えます。

大人になってからレゴを楽しむことで、幼少期の記憶が蘇り、当時の体験と対比することで、再びレゴに魅了されていくという構図が浮かび上がってきました。

◆C　忘我状態

表4-4は2次カテゴリー「忘我状態」を構成する1次カテゴリー、およびその下位のコンセプトです。再開後、レゴにのめり込んでいく過程に関するパートです。

インタビュイーらは、まず創作の楽しさに夢中になってしまうといいます。

表4-4　GTA結果-C）忘我状態

コンセプト名	1次カテゴリー
16 楽しい／好き 17 好きなことを追求 18 ずっとしている／今後も継続する	5 創作への没頭
19 体で覚える 20 表現の手段	6 自己との一体化
21 商品のコレクション性 22 多額の投資	7 資金の投入

子どもの頃から、木材や金属みたいに穴開けたらおしまい、みたいなもんじゃないっていうのは、いまだにそれがとっても楽しいところで…（中略）…ですから、そういうところがいまだに楽しくて、私自身、いっぱい遊んでます。

理屈ではなく、まずは「楽しい」という言葉が、インタビューの中で頻繁に繰り返されました。そこを、あらためてなぜレゴなのかと問われると、彼らには、それぞれレゴで表現したいことがあるといいます。先ほどの、家族の日常風景の再現もそれにあたります。

例えば映画とか音楽とか何でもいいんですけど、すごいいいものを見て感動したっていうような時に、それをアウトプットしたいっていうのが、どうしても自分は最初にあるので、その中のアウトプットの手段の1つとしてのレゴっていうところが、結構大きいのかなと。

彼らにとってレゴは自身の体の一部であり、表現の手段であるといいます。自己と一体化していると言えるでしょう。

そして、表現したいことを再現しようとすると、さまざまな種類のブロックが必要になります。

だんだんこのパーツが欲しいとか、この透明パーツもっといっぱい欲しいとか、コレクション的になっていって、これちょっと危険だなあみたいなのもあったんですけど、でもずっと好きだったたんです。

新しいセットが発売されると、その中の一部のブロックを目当てに購入してしまうということも珍しくはないようです。気づけば多額の資金を投入しているといいます。

レゴでの創作活動が楽しくて、つい我を忘れて夢中になってしまい、時間もお金も費やしてしまうという日常が浮かび上がってきます。

表4－5　GTA結果－D）知的好奇心の充足

コンセプト名	1次カテゴリー
23　何度も作り直せる 24　特別なテクニックが要らない／アイデア次第 25　制限下での創作 26　他の玩具との違い 27　セットをバラして使う	8　創造性を育む要素を認識
28　レゴの活動に関連する専門性／知識	9　自分の持つ知識の転用

◆D　知的好奇心の充足

表4－5は2次カテゴリー「知的好奇心の充足」を構成する1次カテゴリー、およびその下位のコンセプトです。レゴの創作活動が、なぜ知的好奇心を充足させるのかについてのパートです。

インタビューイーらは、創作活動の過程で、体得的にレゴには創造性を育む要素があることを認識しています。

最初に設計図書いたりすることなく、パッと出た発想、そのまま形にできる。それで失敗を何回か繰り返せば、完成品ができあがる。そういうところが一番惹かれて…（中略）…やっぱりその自由度の高さですね。

何度も作り直せるからこそ試行錯誤ができる点や、ブロックを組み合わせるという単純作業がゆえに、大人でも子どもでも、同じ土俵でアイデアを競うことができる平等性は、インタビューイーらに共通の認識でした。また、ブロックの色や形があらかじめ決まっているという制限があるからこそ、アイデアが研ぎ澄まされるといいます。制限下で必要なパーツを揃えるために、レゴのセットをバラして使うことは、ＡＦＯＬの間では珍しくないようです。

レゴを離れると、インタビューイーらはそれぞれ会社員やフリーランスワーカー、学生などの顔を持ちます。そして、それぞれが仕事や大学での専攻などで、専門性を持ち合わせています。その専門性が、デザインやカメラ技術など、レゴの活動と関連する分野であるケースも少なくはありません。

僕、デザインの仕事してるんですけど、その時デザイン2、3年生の社会人だったんです。…（中略）…だから多分僕は、レゴ楽しんでるって言いながら、デザインを楽しんでいるんだと思うんですよね。

自分の専門性を意識的に、また時には無意識的に、レゴの創作に活かすことで、相乗効果を得ていることが分かりました。

レゴの創作は、彼らにとって、チャレンジの要素を含むものであり、それゆえに知的

表4－6　GTA結果－E）ゴールの設定と達成に伴う課題

コンセプト名	1次カテゴリー
29　自分の理想・世界観 30　独自性の追求 31　作品を見る人を楽しませたい	10　実現したい理想
32　創作の困難性 33　高価格 34　パーツの入手 35　製品入手のノウハウ 36　収納スペース	11　究める際のハードル

好奇心が刺激されます。「何をつくっても良い」というレゴの特性上、そのチャレンジには終わりがありません。それゆえ、あるインタビューイーの言葉を借りると、「レゴ沼」にはまっていくという状況が生まれるようです。

◆E　ゴールの設定と達成に伴う課題

表4－6は2次カテゴリー「ゴールの設定と達成に伴う課題」を構成する1次カテゴリー、およびその下位のコンセプトです。レゴの創作活動で目指すゴール、またそれを達成する際に直面する課題についてのパートです。

インタビューイーらにはそれぞれ創作のテーマがあり、理想とする世界観を持ち合わせています。SNS上に作品を投稿するうちに、それぞれが自分の強みを活かして作品の独自性を追求するようになります。

（グラフィック加工なども得意なので）あとはインスタなどをうまく使えば、他の人にはない世界観を作れると思ったのでやった。（中略）この人は他とちょっと違うことをやっていると思わせないと、埋もれると思った。

趣味としてオモ写を投稿している人の発言ですが、やるからには自分にしかできない作品を見せたいという意向が感じられます。また、多くのインタビュイーが、自身が楽しむだけでなく、見る人をも楽しませたいという主旨の発言をしています。

自分も楽しいですけれども、それが1番なんですけれども、他の人も楽しんでもらう、楽しさの共有をできるように、遊んで楽しい、見て楽しい、そういうレゴを作るのを意識しているところはあります。

それぞれが理想を掲げているのですが、その理想を追求するためには、乗り越えなければならない課題があります。まずアイデアを形にすることの難しさが挙げられます。

自分が思い描いたものを作るのは、それなりに頭を使うし、疲れる。

創作活動が楽しいとしつつも、やはり産みの苦しみがあるといい、実は見本どおりに組み立てている時が、最もストレスなく楽しめるという発言もありました。また、レゴが高価格であることには、すべてのインタビュイーが言及しています。

私、レゴを始めて、（自分が立ち上げた）ＨＰでいろんな大人の人（ＡＦＯＬ）に出会った時に、ちょっとお金がかかりすぎて、きついみたいな状況で。

この後、ユーザー間でブロックを分けてもらったというエピソードが続くのですが、自分でオリジナル作品を創作するとなると、通常以上にコストがかかります。他には、作品やブロックの収納場所の確保も、容易ではないという声が聞かれました。ほとんどの人が、何らかの形で、自宅にレゴ専用部屋を持っているということでした。

レゴの創作活動が、ちょっとした趣味ではなく、ライフワーク的な位置づけになるにつれて、インタビュイーらは自発的に自分のゴールを設定するようになります。そして、それを達成しようとすると、能力面で限界を感じたり、金銭的、時間的な制約に直面したり、さまざまな課題にぶつかるという段階に差し当たることが分かりました。

◆Ｆ　共創と競争による知識・体験の深化：「共創」

表４－７は２次カテゴリー「共創と競争による知識・体験の深化」を構成する１次カテゴリー、およびその下位のコンセプトです。このカテゴリーは最も重要なコアカテゴリーで、これに紐づく１次カテゴリーの数も多いので、３つに分けて説明します。最初はユーザー間の共創についてです（**表４－７**中、１次カテゴリー12から14）。

先述のさまざまな課題を解決するために、ＡＦＯＬは互いに協力し合います。

マインドストームをどうやって手に入れようって言って、みんなで情報をかき集めてっていうのが、さっきの（話題に出た）レゴ マインドストームのユーザーグループなんです。結構詳しい、アメリカとかカナダとか行ってた人がいて、その人がこういう通販があって、そこだったら買えるよとか教えてくれて。

これは、日本で発売される前に、レゴ マインドストームを購入したというエピソードです。他にも、ユーザー間でパーツの調達方法などの情報を共有したり、それでも手に入らなかった時には、先ほど少し触れましたが、親切な人が自分のブロックを分けて

表4－7　GTA結果 -F）共創と競争による知識・体験の深化

コンセプト名	1次カテゴリー
37 ユーザーコミュニティへの関与 38 ユーザー間での助け合い・情報交換 39 オフラインでの他のユーザーとの関わり	12 他のユーザーとの協力
40 仲間の発見・交流 41 ユーザーの少なさ	13 深いコミュニケーション
42 作品の披露 43 イベントへの出展	14 フィードバックを受ける機会
44 イベントへの参加（見るのが目的） 45 著名ユーザーの存在 46 限られた人とレゴ社のつながり 47 ユーザー間での序列意識	15 上位者の存在
48 他のユーザーの作品 49 有能感・自信 50 作品を見てくれる人の分析	16 自分の作品の客観視
51 他者からの承認 52 成功体験、勝利体験	17 第三者からの承認
53 レゴ社からのアプローチ 54 レゴコミュニティの仕組み	18 レゴ社との協力関係
55 企業姿勢への関心 56 レゴの世界観への共感	19 企業への関心・理解
57 活動領域の広がり 58 仕事依頼 59 仕事への謝礼 60 報酬の意義 61 仕事としてのレゴ	20 レゴを介した社会との関わり

注：本文では便宜上、1次カテゴリー12～14（共創）、15～17（競争）、18～20（企業、社会との関わり）に分けて記述。

くれたという話までありました。
世の中に、レゴユーザーはごまんといるものの、それぞれ自分と活動の内容や強度が自分と近い人との交流を求めます。そうでなければ、コミュニティとして居心地の良い場にはならないといいます。

レゴやってる人の中でも、例えば建物つくるのが好きな人たちで集まって街をつくったりだとか、車作るのが好きな人たちで集まって車つくったりだとか、そういう集まりの方が増えてきている。

同じことに、同じレベルで関心がある者同士だからこそ、そのコミュニティでしかできない会話が成立し、ユーザー間のつながりは深いものになります。ユーザー間の交流は、オンライン上で始まって、その後、オフラインに移行することが一般的です。オフ会は、ユーザー間のフィードバックの場として、重要な役割を果たしていました。

（オフ会は）展示会みたいな感じで、みんなで作品出し合って、褒めたりとか、自分だったら遊んでもらったりとか、渾身の作品を見せ合うみたいな、しのぎを削る場みたいな感じで、すごい刺激になったり、新しいジャンルに挑戦しようっていう、そういうのが生まれたり、そういうクリエイティブな場所っていう感じですかね。

この発言は、実際に動かして遊べる作品を創作している、インタビュイーによるものです。他のレゴファンが、自分の作品に触れて楽しんでいる様子を目の当たりにしたことが、とても嬉しかったと言います。

彼らは互いの作品を披露し、フィードバックを得ることでモチベーションを高めたり、次の創作に活かしたりしていました。

◆F 共創と競争による知識・体験の深化：「競争」

続いては、ユーザー間の競争についてです（表4－7中、1次カテゴリー15から17）。レゴのコミュニティには、誰もが知っている著名ユーザーが存在します。複数のインタビュイーから同じ人の名前が挙げられましたが、捉え方はさまざまです。

ホームページとかSNSで公開されてたりとかっていうのを見つけて、すごい、こういうのも作れるのかっていうので、結構それで自分も作ってみたりとか。

金銭的にも、自分の中の熱量としても、ここまではいかないと思った。絶対にあのレベルには自分はならないだろうと思ったし、それを見てしまうと、自分には、他のものが全部、二番煎じに見えてしまったのかもしれない。

触発されてやる気につながることもあれば、同じ土俵で勝負しても敵わない（だから別の土俵に移る）という判断もあります。

他のユーザーの作品を見ることは、自分自身の作品を客観的に評価する機会になり、それぞれが自分のポジションを見極めるようになります。

日本人ウケする可愛い動物とか（レゴで）作ったら、みんな（レゴを）やってみたくなるんじゃないかとか。レゴに興味がない子に、いかに興味を持たせるのかみたいな感じで。

これは、子どもたちにレゴの楽しさを知ってほしいという、インタビューイーの発言です。ＳＮＳ上では、世界各国のレゴユーザーの作品を見ることができます。その中で、日本人が好きな「かわいい」作品は見当たらないから、そこを自分の立ち位置にするという発想です。

また、仲間内の評価だけでなく、メディアに取り上げられたり、一般の人も投票に参加するようなコンテストで入賞した経験など、第三者からの評価も、大きなモチベーションになります。

（コンテストが）全部で6回くらい開かれて、第1回から第6回、で僕が参加したのは第2回か3回くらいから参加したんですけど、4、5、6（回目）は優勝か入賞かしたたっていう感じです。たまたまですけど。

他のユーザーと競い合うことで、自身の創作のレベルを向上させ、それが評価される場があることが、とても重要であることが分かりました。競争に勝つことは、忘れられない成功体験として、インタビューイーの中に残ります。また、そうでなかったとしても、次はこうすれば勝てるのではないかと、策を練るヒントになります。競争の場があることが、彼らの創作活動を促進する、1つの要素であるようです。

◆F　共創と競争による知識・体験の深化：企業・社会との関わり

最後に、企業との関わり、およびレゴを介した社会との関わりについてです（表4-7中、1次カテゴリー18から20）。

レゴ社の施策もユーザー間の協力関係に深く関わっていました。ユーザーコミュニティには、これまで述べてきた、ユーザーが自発的に集うものの他に、レゴ社が公認するユーザーグループ（LEGO User Group：以降、LUG）があります。認定を受けるとイベントの開催などに対して、レゴ社から支援を受けられる仕組みになっています。例えば、2017年から毎年[4]レゴの公式なイベントとして神戸で開催されている、LUGが主催するイベント、Japan Brickfest（ジャパン ブリックフェスト）には、国内外から270人以上のレゴユーザーが出展し[5]、2000人規模の来場者があると言います。一般の人が参加するイベントは、レゴの普及活動になると同時に、レゴユーザーにとっても作品を披露する絶好の機会になります。

インタビュイーにはLUGメンバーが少なくありません。次の発言者は、2つのLUGに所属しているといいます。

自分は●● LEGO User Group って言って、●●ラグっていうんですけど、そこに所属していますね。あと1つは、▲▲ラグっていうところにも所属しております。

LUGを通じて間接的にレゴ社との協力関係を持つ人もいれば、レゴ社と直接的に関わりを持つ人もいました。そういった関係性もあり、インタビューイーらは、企業姿勢に対しても高い関心を持ち合わせています。

企業理念・最初どういう理由でできたのか・今に至るまでの大まかなストーリーに共感できるか・これから何をしようとしているか・顧客に対してどういうアプローチをしているのか、などを含めた全体で、いいのかどうかは、結構気になるかもしれない。

企業理念に対する敬意や共感、時には個々の施策がその理念と合致しないのではないかという意見まで、本質に迫る発言が聞かれました。

やがてレゴの創作活動を通じて、彼らは仕事依頼を受けるようになります。

今度はだんだん企業案件をいただくようになってきて、企業さんから「こういうの作って欲しい」とかっていうのをお仕事として受けることとか…

例えば、商業施設が開業する際に、オープン記念で、レゴ ブロックで作った施設のミニチュアが飾られているのを見かけることがあります。この発言は、そういった作品の依頼を受けたというエピソードです。なお、仕事の依頼内容は作品の創作にとどまりません。レゴに関する書籍の執筆、子ども向けのレゴ教室の講師など多岐にわたります。また、依頼主は国内に限らず、海外から声がかかることもあります。そして、趣味の領域として受ける人もいれば、副業として、あるいはそれが高じて本業として携わる人までさまざまです。形態は多様ですが、インタビュイーは一様に、レゴを介して自身の活動領域を拡大させていました。

ここまで、3つのパートに分けて「共創と競争による知識・体験の深化」について説明してきました。個人知の共有、そこから派生するさまざまな包括する、今回のGTA分析で抽出された、最も重要なカテゴリーです。ユーザー同士は、作品を通じて競い合う点で競争関係にあるものの、それが創作意欲に寄与しており、広義には共創関係にあると言えます。この競争と共創の均衡がインタビュイーらの知識をさらに深め、創作のみにとどまらない多様な活動の機会をもたらしていました。

表4－8　GTA結果－G）次世代への体験の継承

コンセプト名	1次カテゴリー
62　創造性の喪失 63　企業への批判的態度	21　問題意識
64　子供への影響 65　体験してほしい／場を提供したい 66　イベントの企画 67　レゴファンを増やしたい	22　他者貢献

◆G　次世代への体験の継承

表4－8は2次カテゴリー「次世代への体験の継承」を構成する1次カテゴリー、およびその下位のコンセプトです。知の共有がどこへ向かうのかに関するカテゴリーで、「共創と競争による知識・体験の深化」から続く、コアカテゴリーです。

何人かのインタビュイーの意識は、自身の充足した体験を他の人にも提供するということに強く向けられていました。

（公式イベントが）完全に海外向けのイベントにシフトしてきていて、本当に日本のユーザーが出して、日本のお客さんに見せるっていうようなイベントを、もう1回ちょっと仕切り直していきたいなあっていう話をして。

これは、先述の公式イベントがグローバル化することで、自分たちの作品を見せ合うという主旨のイベントではなくなってきたと感じて、自分たちのイベントを企画中だというインタビュイーの発言です。自分が出展したいというより、多くの人に出展する醍醐味を体験してほしいという意向が強く感じられました。

また、子どもたちの創造性を育むことを主旨とした発言は、特に多く聞かれました。その実現方法は、イベントの開催や、Ｗｅｂサイトの立ち上げなど多岐にわたります。

オフ会でもコンテストでも、子どもが参加できるイベントやった時も、なんか子ども用の大きいブロックで遊べるよ、よりは、めちゃくちゃすごいものを作って、どうだ?!っていうことが、将来のレゴファンにつながりそうな気がしていて。レゴファンではなくてもいいんですけど、その子が、あ、私はまだまだ頑張んないと、って思ったらすごくいいっていう。

子どもたちに何かを教えるというより、まずは行動を示して、そこから能動的に何かを感じ取ってほしいという主旨の発言です。

インタビュイーらが子どもたちの創造性を願う背景には、子どもたちが創造性を阻むような環境に置かれがちだという問題意識があります。

例えば塾に入る、レゴのスクールに入ると、みんなコンテストで頑張ろう！っていうのがメインになっちゃって、その黙々と（自分のしたいことを）やりたい子は、あんまり面倒みていないような、そういう風な状況、たまに見かけるんですよね。そういうのもちょっと、すくってあげないと、助けてあげないとなっていうのもよく思います。

自由にブロックを組み立てることにレゴの醍醐味があるにもかかわらず、画一的な方向に行きかねないところに警鐘を鳴らします。とはいえ、彼らは社会貢献的なことを第一義にしているわけではありません。

私が十分楽しんだ後にこぼれ落ちたところから、子どもたちがそれを拾って、何か自分たちの楽しいところを見つけて欲しい。それをこれから自分で創り出すというか、育つと思っているんですね。

発言者によると、他人のために何かをしているという意識はなく、まずは自分自身が楽しんでいて、それをおすそ分けしているという感覚だということです。

レゴを介してさまざまな知識や体験を蓄積してきたインタビューイーらは、それを次世代に継承していくところに終着していました。もちろん、彼らの活動はそれぞれのゴールに向かって現在も進行中です。次世代への継承という大きな流れの中で、個々に活動を進化させているという構図が浮かび上がってきました。

②１次カテゴリーと持続的幸福度（ＰＥＲＭＡ）との照合

最後に、２次カテゴリーを構成する、22の１次カテゴリーごとに持続的幸福度（ＰＥＲＭＡ）（Seligman, 2011）の要素と照合しました（**表４－９**）。その結果、５つの要素すべてがインタビューイーらのレゴの活動に関連していることが示されたものの、初期段階ではＰ（ポジティブ感情）やＥ（エンゲージメント）との関連性が深く、中盤以降になるほどＭ（人生の意味や意義）との関連性が深いという特徴が見えてきました。こちらも、１次カテゴリーと照合しながら、もう少し詳しく見ていきます。

まず、「レゴの原体験」とそれに折り重なる、「新たなレゴ体験」は、「楽しい」という言葉が何度も繰り返され、全般的にＰ（ポジティブ感情）の要素が強いと言えるでし

表4-9　GTA結果と持続的幸福度（PERMA）の照合

1次カテゴリー	PERMA	2次カテゴリー
1　幼少期の体験	(P)	A）レゴの原体験
2　レゴ ブロックの優位性	P	
3　レゴの再開	P	B）新たなレゴ体験
4　インターネットを介した新しい楽しみ方	P	
5　創作への没頭	E	C）忘我状態
6　自己との一体化	E	
7　資金の投入	E	
8　創造性を育む要素を認識	E	D）知的好奇心の充足
9　自分の持つ知識の転用	M	
10　実現したい理想	M	E）ゴールの設定と達成に伴う課題
11　究める際のハードル	A	
12　他のユーザーとの協力	R	F）共創と競争による知識・体験の深化
13　深いコミュニケーション	R	
14　フィードバックを受ける機会	A	
15　上位者の存在	R/A	
16　自分の作品の客観視	M	
17　第三者からの承認	A	
18　レゴ社との協力関係	R	
19　企業への関心・理解	M	
20　レゴを介した社会との関わり	M	
21　問題意識	M	G）次世代への体験の継承
22　他者貢献	M	

注：P：ポジティブ感情、E：エンゲージメント、R：他者との関係性、M：人生の意味や意義、A：達成

ょう。特筆すべきは、レゴのカチッとはまる感覚（レゴの優位性）の記憶です。インタビューイーらにとって、この感覚が非常に快感だといいます。この体で記憶している快感は再開時に、体でレゴの楽しさを思い出させてくれます。そして、次の「忘我状態」はＥ（エンゲージメント）そのものです。

「知的好奇心の充足」の段階以降は、自分自身の能力、客観的な立ち位置を見つめ直す機会も増え、Ｍ（人生の意味や意義）に関連する要素が増えていきます。なお、「次世代への継承」の段階になると、他者の中での自己という次元ではなく、大きな時間の流れの中での自己の役割という次元で、自分自身の立ち位置を考えます。同じＭ（人生の意味や意義）でも、より高次であるといえるでしょう。また、「共創と競争による知識・体験の進化」の段階では、Ｒ（他者との関係性）の要素も増えていきます。ここで他者から評価されることがＡ（達成）に大きく関わります。

１次カテゴリーとＰＥＲＭＡの要素を照合することで、インタビューイーらの、幼少期から始まるレゴにまつわる体験が、ＰＥＲＭＡの要素と深く関わっていることが分かりました。また、ＰＥＲＭＡの要素に当てはまらないものの、ＰＥＲＭＡに影響を与える要素が存在することも確認されました。例えば、幼少期の体験は、「思うように買ってもらえなかった」など、ポジティブな感情だけで振り返られるものではありません。ですが、その体験ゆえに、後の没頭に拍車がかかります。

この現象は、ゲーミフィケーションでも説明することができそうです。ゲーミフィケーションとは、ゲームの要素をゲーム以外の場面で利用することを言います（Deterding, Dixon, Khaled, & Nacke, 2011）。ゲームの人を夢中にさせる要素を転用して、学校や職場で人々のモチベーションを向上させたり、マーケティングの分野で顧客エンゲージメントを強化することなどに活用されています。ゲーミフィケーションの要素の中には、「時間的な制約」や、「限られたリソース」などが含まれており（Deterding et al., 2011）、制限があることで、人々がレゴにのめり込むことが、これで説明できます。[6] 他にも、「ゴール」があることや、「挑戦心」や「好奇心」を掻き立てることも、ゲーミフィケーションの要素ですが（Deterding et al., 2011）、今回の調査結果と整合します。今回のレゴを介した知識共有は、意図してつくられた環境ではなく、偶発的に発生したものです。自生的にゲーミフィケーションの要素が生成されて、人々の関与が引き出されていることは、非常に興味深いところです。

③結果のまとめ

ＧＴＡの結果と持続的幸福度（ＰＥＲＭＡ）との照合を模式的に示したものが**図**

４－１です。図の流れに沿って説明すると、インタビューらがアイデアを共有する背景には、幼少期から始まる知識や体験の蓄積が存在しました（**図４－１**中Ａ）。幼少期の体験があるからこそ、彼らはレゴの創作活動に回帰し、新たな価値を見出して夢中になり（同Ｂ、Ｃ）、そこに、レゴから離れている期間に培った知識を投入します（同Ｄ）。これが重要なところで、個人の中で多様な知識が掛け合わさることで、その人に固有の知識体系が形成されていきます。やがて、それを強みとして、彼らは自分にしかできないことを見極めようとします。そして、レゴの創作を通じて実現したい、ゴールを掲げるようになります（同Ｅ）。それを達成する過程で生じるさまざまな課題を、他のユーザーとの協業で克服しようとします。ここでユーザー間の知の共有が本領を発揮します。それ以前の、レゴを再開した頃から、ＳＮＳを通じた作品の投稿などはしているのですが、明確な目的を持って、知を共有するのはこの段階に到達してからです。ＡＦＯＬは、時に競争的に切磋琢磨することで、互いの知識や経験値を向上させていました（同Ｆ）。この自身の知識や経験の深化から得られる充足は、やがて次世代への体験の継承へと昇華します（同Ｇ）。

図４－１の中で、カテゴリーＧの後に矢印を書き足して、カテゴリーＡとつなぎました。今のＡＦＯＬから楽しさを伝承された子どもにとっては、それがレゴの原体験とな

図4－1　知の共有の流れ

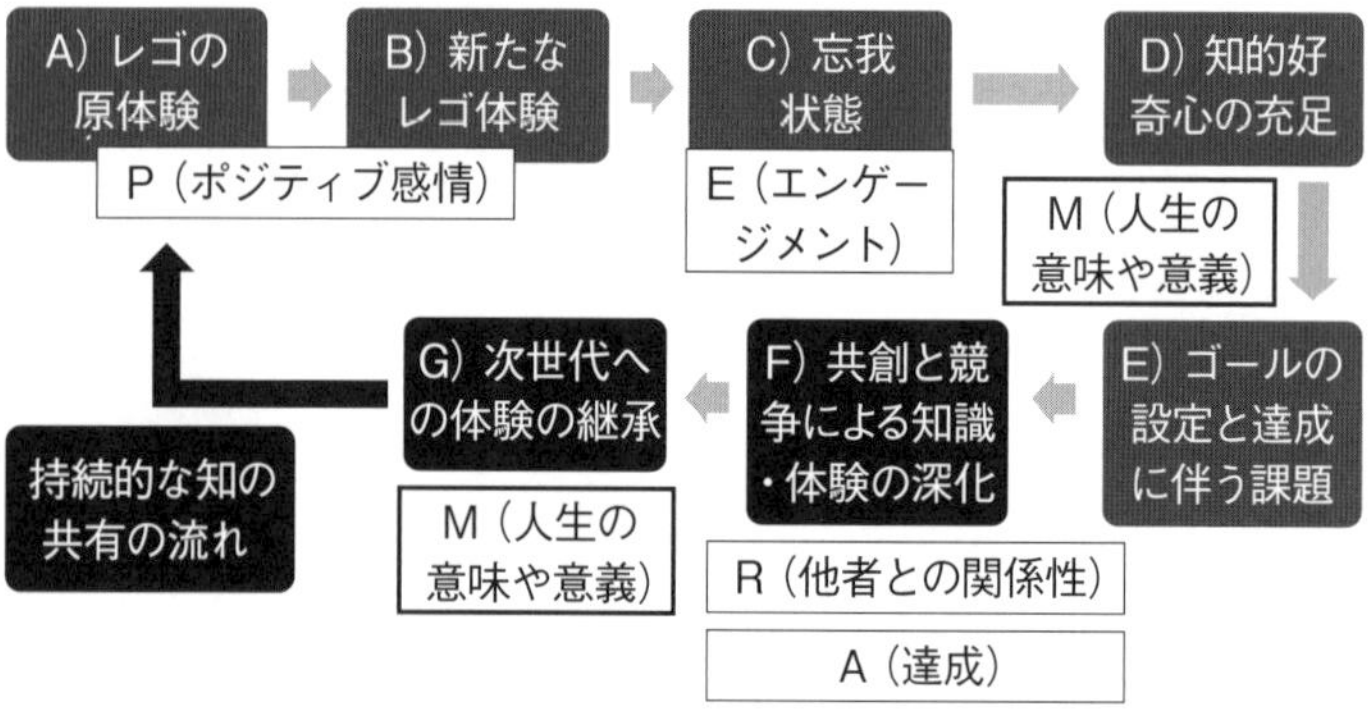

ります。中には、また同じようなプロセスをたどる子どももいるかもしれません。そうすると、時間の隔たりを超えて、知が共有されていくことになります。この持続的な知の共有の流れは、本調査の大きな発見であると考えています。

4　小括

本章では、なぜスキルシェアに参画することが、ウェルビーイングの向上につながるのかを確認するために、実際にスキルシェアを行っている大人のレゴファンに、インタビュー調査を行いました。インタビューでは、個人知の共有が、何をきっかけにどのように行われているのか、またそれが何をもたらすのかについて、聞き取りを行いました。インタビューを通じて得られたテキストデータは、ＧＴＡの手法を用いて、バラバラに分解した要素から、カテゴリーを抽出し、理論を構築することを試みました。そして、バイアスのない状態で、理論を組み立てていった結果、知の共有のプロセスが持続的幸福度（ＰＥＲＭＡ）の要素と深く関連していることが示されました。

本章では、なぜスキルシェアに参画することが、ウェルビーイングの向上につながるのかという問いに対して、知を共有することで、さらに当人の知識や経験が深化するからであると結論づけます。インタビュー調査を通じて、その人の中で経年的に培われた知が、他者との共創によりさらに深化し、やがてそれを次世代へと継承することに意義を見出すという流れの中で、持続的幸福度を向上させていることが分かりました。

この流れをＰＥＲＭＡの要素で整理します（**図４-１**）。楽しいという感情から始まる体験（Ｐ：ポジティブ感情）は、やがてフロー状態（Ｅ：エンゲージメント）に到達します。そこで自らが培ってきた知識を活かすことの意義に覚醒し、到達したいゴールを認識するようになります（Ｍ：人生の意味や意義）。ゴールを目指す過程で、他者への知の共有が重要な役割を果たします（Ｒ：他者との関係性）。仲間と競い合い、認められることで達成感を感じます（Ａ：達成）。そうすることで、さらなる深化を遂げた知識や経験について、今度は自己のみならず、他者への波及も含めた、大きな流れの中での意義を問うようになります（高次のM：人生の意味や意義）。その結果、個人知の共有が、世代を超えた持続的な知の共有の流れへと収斂していました。

以上のようなプロセスを経て、知の共有が持続的幸福度の向上に寄与していることが分かりました。この結果は、報酬の有無にかかわらず同じであるのかというのが、次の疑問です。本章のインタビュー協力者の中には、趣味が高じてレゴが仕事になっている人もいました。また、本業ではないものの、依頼される仕事が金額的にも大きくなり、副業という位置づけになっているという人もいました。もちろん、趣味として楽しんでいる人もいます。インタビューで聞く限り、仕事としてレゴに関わる人も、趣味として関わる人も、知の共有によって持続的幸福度が高まるプロセスに、違いはないように見受けられました。両者の差異については、次章であらためて検証します。

1――LEGO Group "The LEGO Group History" https://www.lego. com/ja-jp/aboutus/lego-group/the-lego-group-history/（2023年3月にアクセス）

2――レゴ社では、ブロック製品の他に、テクノロジーと組み合わせてロボットを製作することのできる「レゴマインドストーム」（1998年発売）のような製品を販売している。

3――GTAの手順はいくつか存在するが、本書では、マーケティングの先行研究で理論を構築するのに用いられてきた（e. g., Homburg, Jozić, & Kuehnl, 2017; Batra, Ahuvia, & Baggozi, 2012; Gebhardt, Carpenter, & Sherry, 2006）Strauss and Corbin（1998）のアプローチに依拠し、Corbin and Strauss（2014）が提示する手順を踏んだ。また日本語のデータの取り扱いは、Strauss の考え方を継承する、才木（2016）を参照した。

4——感染症拡大で中止となった２０２０年と２０２１年を除く。

5——Japan Brickfest https://japanbrickfest.klug-jp.com/ja/（２０２３年3月にアクセス）

6——ただし、幼少期に思うようにレゴ ブロックが手に入らなかったという、過去に体験した制限が、大人になってからの没頭に拍車をかけるという、時間軸を超えた影響について、本当にゲーミフィケーションの枠組みで説明できるのかは、精査する必要がある。

第5章

スキルシェアの位置づけと持続的幸福度の関係性

――副業と趣味の比較検討――

1　はじめに

①シェアリングエコノミーを取り巻く環境

本章では、前章までで明らかになった、個人知の活用と持続的幸福度のポジティブな関係性について、それが有効に働く前提条件について検討します。具体的には、スキルシェアが報酬目的であったとしても、持続的幸福度は向上するのかについて調査します。それに先立って、なぜこの問いが重要なのかについて、説明します。

現在、政策的にシェアリングエコノミーの定着が図られています。スキルシェアに関連することでいうと、プラットフォームを利用してスキル・時間等を提供する人を、シェアワーカーと称して、サポートする動きがあります。[1]例えば、シェアワーカーはC2

Ｃでサービスを提供する時の基本的な考え方について、研修を受けることができる制度などがあります[2]。これは取引に不慣れなシェアワーカーに、必要な知識をインプットして、トラブルなどを回避するためのサポートです。第3章で当事者が感じるスキルシェアのデメリットについて触れましたが、スキルシェア参画者（シェアワーカーも含む）は、どんな依頼者が来るのかが分からない点を不安に思っています。これは仕事を依頼する側についても、同じことが言えるでしょう。Ｃ２Ｃプラットフォーム自体の信頼性を高めて、サービスの提供者、利用者ともに安心できる環境づくりが、シェアリングエコノミーの発展のためには必要不可欠です。

第3章で、シェアリングエコノミーの市場が２０３０年には２０２１年度時点の３倍程度に拡大するであろうという試算があることを紹介しました。実は、その2倍、つまり２０２１年度の6倍程度に拡大するという試算もあります。これは、シェアリングエコノミーの成長の妨げになる課題が、解決された場合の試算になります。成長を妨げるものとして挙げられている課題の多くが、例えば、トラブル時の保証について、法制度が整っていること、国や自治体が安全性を保障してくれることなど、安心・安全に関わるものでした。こういった課題に対策が講じられれば、大きな経済効果が見込めるということになります。だからこそ、さまざまな省庁が関わって、シェアリングエコノミーの発展をサポートしています。

②副業を取り巻く環境

実はシェアリングエコノミーの成長を促すものの1つに、企業の副業解禁が挙げられています。[3] 例えば、スキルシェアに関心があったとしても、勤務先の企業が副業を禁止している場合、やめておこうということになります。2021年度に実施された調査では、大企業ほど副業解禁に慎重だという結果が出ています。[4] 本業が疎かになったり、ノウハウや信用が流出することが懸念事項となっているようです。もちろん、企業にとってメリットもあります。社員が外部で経験を積むことでスキルアップして、本業にプラスの影響を与えることは十分にありえます。また社員に副業を容認するだけでなく、自分たちも外部の副業人材を活用することで、自社内にはない考え方や、専門的な知識などを取り入れることができます。政府はというと、働き方の多様性や雇用の流動化を期待して、副業解禁を加速したい考えです。

国外に目を向けると、欧米では基本的に、企業が従業員の副業を制限することができません。そうすると、副業を制限している企業は、国際的な人材獲得の競争で、不利になる可能性があります。グローバル人材を確保するために、企業が初任給などを引き上げるニュースをよく目にしますが、副業の容認も実施せざるを得ない施策の1つではないでしょうか。いずれにしても副業解禁の流れは今後も加速するとみて良いでしょう。

③副業としてのスキルシェアと本書の問い

ここまで見てきたとおり、副業としてのスキルシェアは、今後も発展するものと予測されます。そして、本書の第3章、第4章で述べてきたとおり、スキルシェアに参画することが、その人の持続的幸福度を高めるという調査結果が得られています。これが収入目的の時にも成立するのなら、副業としてのスキルシェアを促進することは、人々のウェルビーイングをも向上させる施策だということができます。だとすると、スキルシェアをさらに促進できるのではないでしょうか。

ただし、本当にそう言えるのかどうかについては、慎重に検討する必要があります。というのも、さまざまな分野の研究で、金銭的インセンティブが、内発的モチベーションを低減させるものとして論じられてきたからです。例えばシェアリングにおいても、金銭と社会的評価は、モチベーションの源泉として相反することが指摘されています(Benkler, 2004)。

行動経済学の研究でも同様に、社会的インセンティブが機能する市場に、金銭的インセンティブを持ち込むと、前者が機能しなくなることが指摘されてきました（e.g. Heyman & Ariely, 2004; Ariely, Bracha & Meier, 2009）。簡単にいうと、善意でやっていたことに対して、金銭的な謝礼を提示されると、結果的には無償の時の方が良い仕事をしていた、ということが起こるという主張です。

また、労働経済学の研究で、スキルを向上させることを目的に副業をしている人は、副業を持たない人より幸福度が高いこと、そして収入目的で副業をしている人は、副業を持たない人より幸福度が低いことが示されています（川上, 2022）。第5章の調査とは、対象者の条件などが異なるため、同次元で比較できるものではないものの、同じ副業を取り扱う以上、注意を払う必要があります。

一方、本書の第3章で実施した調査では、スキルシェアを有償で行う人と無償で行う人の持続的幸福度に有意差は確認されなかったものの、有償者の中で、収入が得られることをスキルシェアのメリットとして挙げる者が少なくはありませんでした。つまり、これまでの調査結果で示されているような、金銭的インセンティブがマイナスに働くという事象は見受けられませんでした。ただしこの調査結果は、１０７名のスキルシェア参画者の中で有償者・無償者を比較したものであり、十分だとは言えないサンプル数です。有償者と無償者の比較は、今一度、十分なサンプル数を確保して実施する必要があると考えられました。

また、第4章で実施したインタビュー調査でも、趣味の一環としてレゴを介したスキルシェアを行う人と、趣味が高じて仕事として関わるようになった人が混在していました。自身の知的好奇心の充足や、次世代への継承に対する使命感など、持続的幸福度を向上させるプロセスにおいて、二者間で差異は見受けられませんでした。ただし、これはレゴだからこその結果だという可能性が否定できません。

以上のことから本章では、スキルシェアの位置づけが収入目的である場合にも、当人の持続的幸福度は高まるのか、ということについて追究します。

2　調査方法

①調査の目的

本章では、上述の問いに答えるために、スキルシェア参画者を対象に質問票調査を実施し、定量的に分析を行います。調査の目的は大きく2つあります。まず前節で述べた、スキルシェアの目的が収入目的の場合と、そうではない場合で、持続的幸福度の水準に差があるのかどうかを確認することです。もし収入目的である場合にも、スキルシェアによって持続的幸福度が向上するのであれば、スキルシェアは、経済的価値と社会的価値を同時に生み出す副業として、さらなる発展を後押しすることができます。

もう1つの目的は、スキルシェアを行う動機づけについて、両者でどのような違いがあるのかについて、確認することです。持続的幸福度は、スキルシェアの結果もたらされるもので、いわゆる出口での調査になりますが、本章では入口時点での違いの有無にも目を向けます。当然ながら収入というところで大きな動機づけの違いはあるのですが、それ以外の動機づけに違いはあるのか、また、これまでの研究結果で示されているように、本当に収入目的の場合に内発的モチベーションが低減するのかということについて、確認します。

本章での調査を通じて、人々がなぜスキルシェアを行うのか、その結果、何を得ているのかの全体像を明らかにして、スキルシェアが人々や社会にもたらす影響について、理解を深めます。

②調査の手順

本章では、スキルシェア参画者とともに、比較対照のためのコントロールグループ

（スキルシェア非参画者）のデータ収集も行い、以下の手順で分析を行います。

(1)スキルシェア参画者と非参画者の比較分析
(2)スキルシェア参画者内で、報酬目的の人とそれ以外の人の比較分析

スキルシェア参画者・非スキルシェア参画者ともに、調査会社を通じて回答者を集めました。スキルシェア参画者は、分析にあたり十分な回答者数を確保するために、調査会社を通じてトータルで１０００人、うち副業者・非副業者それぞれ４００人以上を確保することを目標に収集しました。18歳以上65歳以下の男女5万人を対象に、以下のスクリーニング質問を行いました。本章の調査は、基本的に第3章で実施した調査を踏襲していますが、副業としてスキルシェアを行っている人の出現率を高めることを意図して、就労者比率の高い年齢層を対象にしました（第3章では18歳以上74歳以下）。

1.あなたは直近1年以内にスキルシェアの経験がありますか？
スキルシェアとは、自分の知識や経験、スキルを活かして、隙間時間などの好きな時間に報酬（主には金銭）を得ることを指します。ご自身のスキルを活用した

ハンドメイド作品などの販売も含みます。

○　はい

○　いいえ

2.（はいと答えた人）スキルシェアの位置づけについて、最も近いものをお選びください。

○　副業や必要な収入源

○　趣味や楽しみ

○　奉仕活動

○　その他（具体的に）

同時に、コントロールグループとして、年齢・性別・居住地域において日本の人口分布の比率に準じた18歳以上65歳以下の男女1000人の回答者を集めました。

③アンケート内容

アンケート内容は、まず基本的な情報として、第3章と同じく、年齢、性別（男性・

１、女性：０）、婚姻状況（既婚：１、未婚：０）、就業状況（１：無職、２：パートタイム、３：フルタイム）、最終学歴（１：中学校、２：高校、３：短期大学・専門学校、４：大学、５：大学院卒業）について聞きました。それに加えて、本章の調査では個人年収（１：０円、２：１００万円未満、３：２００万円未満～11：１０００万円未満、12：１２００万円未満、13：１５００万円未満、14：２０００万円未満、15：２０００万円以上）を追加しました。

持続的幸福度の測定尺度は、第3章と同じＰＥＲＭＡの測定尺度（Butler & Kern, 2016）を用いました。ＰＥＲＭＡの各要素に関して、３つの質問が提示され、回答者は０～10の11点で回答します（詳細については第2章の**表２－２**を参照）。３つの回答の平均値が、ＰＥＲＭＡのスコアになります。

そして、今回新たに加わるスキルシェア参画への動機づけは、第2章で詳しく参照した、企業との共創プロジェクトへの参加者の、モチベーション項目の分類（Füller, 2010）（第2章の**表２－１**を参照）を用いました。この分類は、心理学から、オープンソース・ソフトウェアのコミュニティに関する研究、消費者の口コミに関する研究など、多岐にわたる文献から抽出されています。10の項目は、内発的動機づけから外発的動機づけまで網羅しているため、偏りなく共創参加者のモチベーションを考察できる点が特長的です。私自身、過去の研究においても、レシピサイトへの投稿者のモチベーションについて、この分類を用いて分析を行いました（青木，2016）。

本書で取り扱うスキルシェアは、企業との共創への参画に限定されず、多岐にわたります。そのため、共創プロジェクトへの参加者の分類（Füller, 2010）を参照しながら、本章の調査対象と整合する形で、モチベーション項目を回答者に提示しました。具体的には、スキルシェアを実施するモチベーションとして、以下の10の項目について、7段階で評価してもらいました（1：全く当てはまらない、2：当てはまらない、3：どちらかというと当てはまらない、4：どちらとも言えない、5：どちらかというと当てはまる、6：当てはまる、7：とても当てはまる）。末尾のカッコ内は先行研究における項目名（Füller, 2010）（第2章の**表2-1**を参照）であり、回答者に表示されるものではありません。

(1)楽しい（内発的な楽しさ）
(2)知的好奇心が満たされる（好奇心）
(3)自分のスキルが誰かの役に立つ（他者貢献）
(4)共通の関心を持つ人（依頼者として関心を持つ人や、同様のスキルを提供する人など）と交流できる（交流）

(5)自分のスキルの腕試しになる（腕試し）
(6)自分に役立つ情報が得られる（情報収集）
(7)自分のスキルが向上する（スキルの向上）
(8)他者からの評価が可視化される（他者認証）
(9)（依頼がある、自分にしかできないなど）必要とされている（ニーズ）[5]
(10)収入を得られる（報酬）

なお、第2章で述べたとおり、この項目は内発的なものから外発的なものへ順に並んでいます。

3 調査結果

①サンプル概要

スクリーニングの結果、予備も含めて、スキルシェア参画者１０２５名、コントロールグループ１０４２名のデータを得ました。コントロールグループにも59名のスキルシェア参画者が含まれていたので、スキルシェア参画者のグループに加えて分析を行うことにしました。第３章での調査と同様に、回答内容を精査して信頼性の低い回答者や、本調査の目的に照らしてスキルシェアの定義に則さない回答者[6]を除外し、最終的にスキルシェア参画者１０３１名、非参画者９８３名のデータを分析に用いました。**表5－1**は各グループの概要です。簡易的に検定したところ[7]、婚姻状況以外の項目について、２つのグループには有意な差があるという結果でした。具体的には、スキルシェア参画者の方が、平均年齢は2歳程度低く、男性の割合が高くなっています。そして、おそらく男性の比率の高さに関連して、フルタイムで働く人が多いという特徴があります。また、高卒者の割合が低く、大卒者の割合が高いという傾向や、個人年収の分布にも違いがありました（**表5－1**）。

表５-１　サンプル概要

	スキルシェア参画者			スキルシェア非参画者
	全体	副業者	非副業者	
n	1,031	419	612	983
平均年齢	41.8 歳	41.6 歳	41.9 歳	43.9 歳
性別				
男性	58.9%	62.1%	56.7%	49.5%
女性	41.1%	37.9%	43.3%	50.5%
婚姻状況				
未婚	47.0%	49.2%	45.6%	47.0%
既婚	53.0%	50.8%	54.4%	53.0%
就業状況				
1. 無職	20.0%	17.9%	21.4%	24.4%
2. パートタイム	17.5%	16.5%	18.1%	20.3%
3. フルタイム	60.3%	63.0%	58.5%	53.4%
その他	2.2%	2.6%	2.0%	1.8%
最終学歴				
1. 中学校	1.9%	2.1%	1.8%	2.6%
2. 高校	23.4%	22.7%	23.9%	29.6%
3. 短大、専門学校	23.1%	22.4%	23.5%	21.8%
4. 大学	44.2%	45.3%	43.5%	39.9%
5. 大学院	5.7%	5.5%	5.9%	3.7%
その他 / 無回答	1.6%	1.9%	1.5%	2.4%
個人収入				
1. 0 円	7.2%	3.8%	9.5%	11.7%
2. 100 万円未満	13.6%	14.3%	13.1%	12.1%
3. 200 万円未満	9.2%	10.5%	8.3%	7.8%
4. 300 万円未満	9.4%	11.2%	8.2%	11.3%
5. 400 万円未満	10.9%	10.5%	11.1%	9.2%
6. 500 万円未満	10.3%	10.7%	10.0%	7.0%

7. 600 万円未満	7.1%	7.6%	6.7%	5.4%
8. 700 万円未満	4.1%	4.3%	3.9%	3.7%
9. 800 万円未満	3.0%	4.3%	2.1%	2.1%
10. 900 万円未満	2.6%	2.1%	2.9%	1.8%
11. 1,000 万円未満	2.0%	0.5%	3.1%	1.2%
12. 1,200 万円未満	1.8%	2.4%	1.5%	1.5%
13. 1,500 万円未満	1.5%	1.7%	1.3%	0.5%
14. 2,000 万円未満	0.7%	0.2%	1.0%	0.1%
15. 2,000 万円以上	0.7%	0.5%	0.8%	0.1%
その他 / 無回答	16.0%	15.3%	16.5%	24.4%

参画者の活用しているスキルは、

●制作関連（動画、写真、ハンドメイド作品など）：29・8％
●生活関連（家事、清掃、料理など）：24・2％
●IT関連：21・9％
●語学関連：18・1％
●デザイン関連：16・3％
●子ども関連（育児、教育など）：15・3％
●その他：12・9％

という結果でした（複数回答可）。特に何かに偏ることなく、さまざまな分野でのスキルシェアを網羅できているとみて良いでしょう。

そして、スクリーニング質問から得られた、スキルシェア参画者（1031人）の中での、スキルシェアの位

置づけは、

⑴副業や必要な収入源：40・6％（419人）
⑵趣味や楽しみ：48・0％（495人）
⑶奉仕活動：10・7％（110人）
⑷その他：0・7％（7人）

という内訳でした。本章の調査では、⑴を選んだ人を副業者（419人）、それ以外の⑵から⑷を選んだ人を非副業者（612人）として、両者を比較します[8]。なお、ここで「副業者」とした人の中には、必ずしも副業ではなく、本業としてあるいは複業の中の1つとして関わる人も含まれます。収入目的の人の総称として、これらの人々も含めて「副業者」と呼ぶことにします。

副業者と非副業者についても、**表5－1**に概要を掲載しています。この2つに関して、属性的な分布に違いがあるのかどうかを確認したところ、年齢、性別、婚姻状況、就業状況、個人年収のどの項目においても、有意な差はありませんでした。

図5－1　スキルシェア参画者・非参画者 持続的幸福度（PERMA）比較

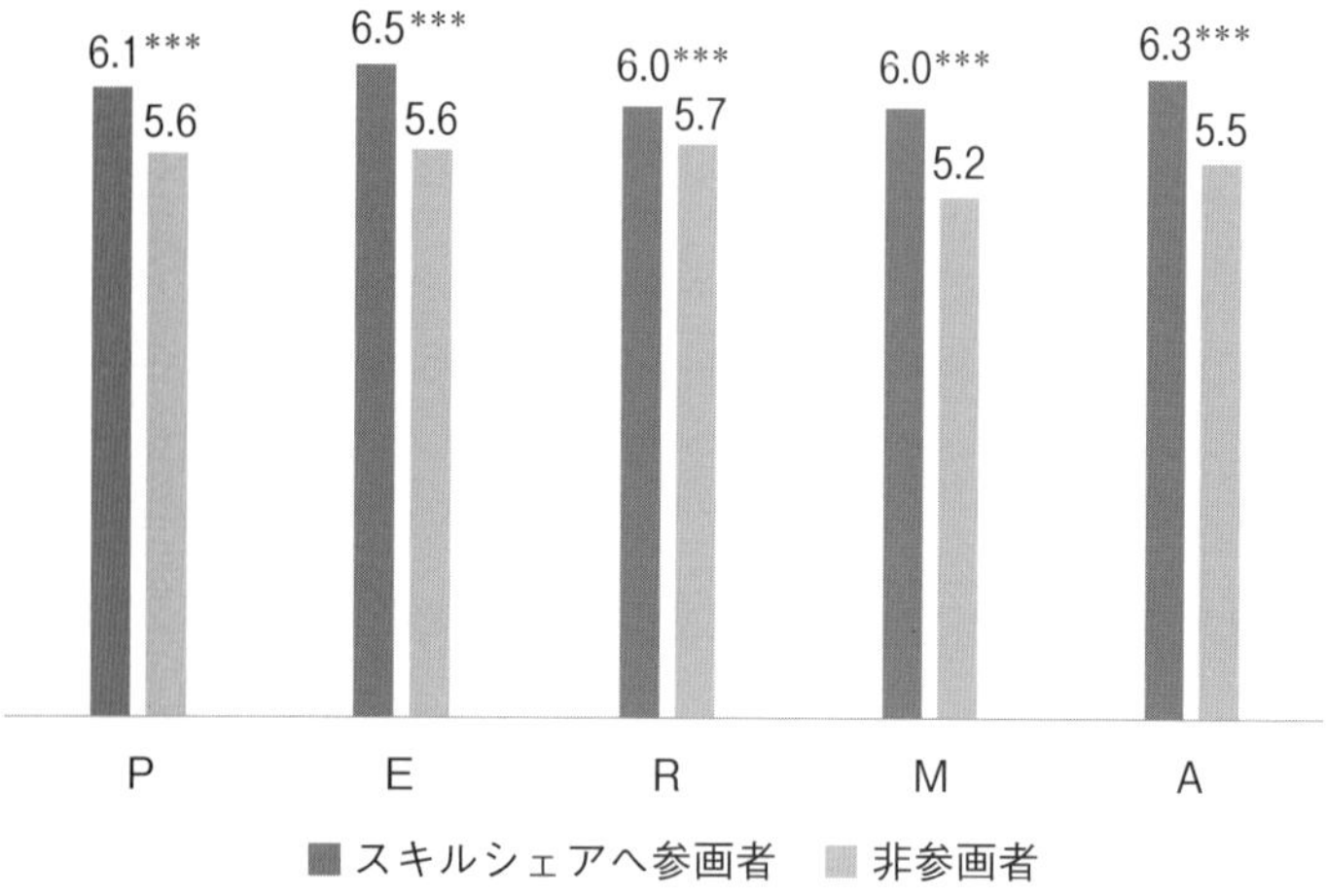

注：***有意水準0.1%未満

②スキルシェア参画者と非参画者の比較

ここからは、比較分析の結果です。まず、スキルシェア参画者と非参画者の持続的幸福度（ＰＥＲＭＡ）の水準を比較しました[9]。結果はＰＥＲＭＡの５つの要素すべてにおいて、スキルシェア参画者が０・１％水準で有意に高い水準を示しました（**図５－１**）。

先ほど述べたとおり、この２つのグループでは、属性でも違いが確認されています。この結果はそれらの影響を受けている可能性もあるので、他の条件の影響を除いても、この結果が有効であるかどうかを確認

図5-2　持続的幸福度（PERMA）に影響を与えるもの

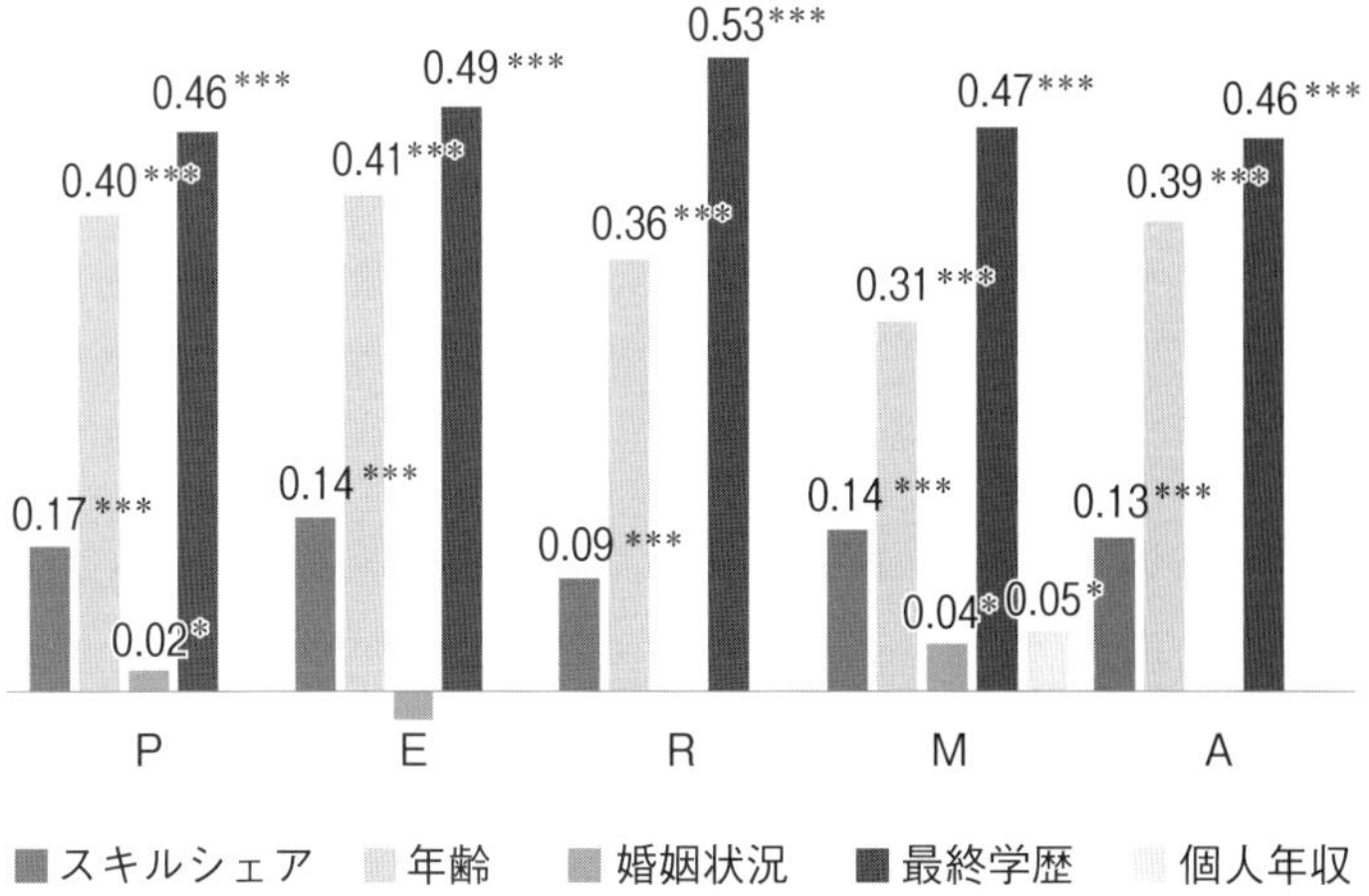

注：*有意水準5％未満、***有意水準0.1%未満

します[10]。**図5-2**はスキルシェアへの参画と、年齢、婚姻状況、最終学歴、個人年収が、それのみでPERMAにどのくらい影響するのかを表すグラフで、有意な影響を与えているもののみを掲示しています。分析の結果、PERMAのすべての要素において、他の条件の影響を除いても、スキルシェアへの参画がPERMAの各要素に0・1％水準で有意に影響を与えていることが示されました[11]（**図5-2**）。

　以上の結果は、第3章で示された、スキルシェアへの参画が、持続的幸福度の向上に寄与するという結果を補強するものです。第3章ではスキルシェアの分野が限定的であったり、サンプル数が限られてました。今回は、多岐にわたる領域のスキルシェア参画者を、十分な人数集めて分析を行いました。また、第3章の分析には入れていなかった、個人年収の影響についても考慮しました。そのうえで、スキルシェアへの参画が、すべてのPERMAの要素に対して、有意にポジティブに働いているという結果を得ました。

③副業者と非副業者の比較

ここからは、今回新たに調査する、副業者と非副業者の比較です。まず、持続的幸福度（PERMA）の水準について、すべての要素において、2つのグループの間で有意な差は認められませんでした（**図5-3**）。つまり、報酬があることで、持続的幸福度が低減することはないという結果です。

続いて、スキルシェアを行うモチベーションについての比較です（**図5-4**）。これは回答時点で、なぜスキルシェアを行っているのかという観点から、各項目を評価してもらったものです。10項目中、2つのグループで有意な差が確認されたのは、2項目のみでした。1つは当然のことながら「報酬」です（**図5-4**）。副業者が非副業者より0・1%水準で有意に高いことが示されました。もう1つが「他者貢献」です（**図5-4**）。副業者が非副業者より5%水準で有意に高いという結果になりました。非副

図５－３　副業者・非副業者の持続的幸福度（PERMA）比較

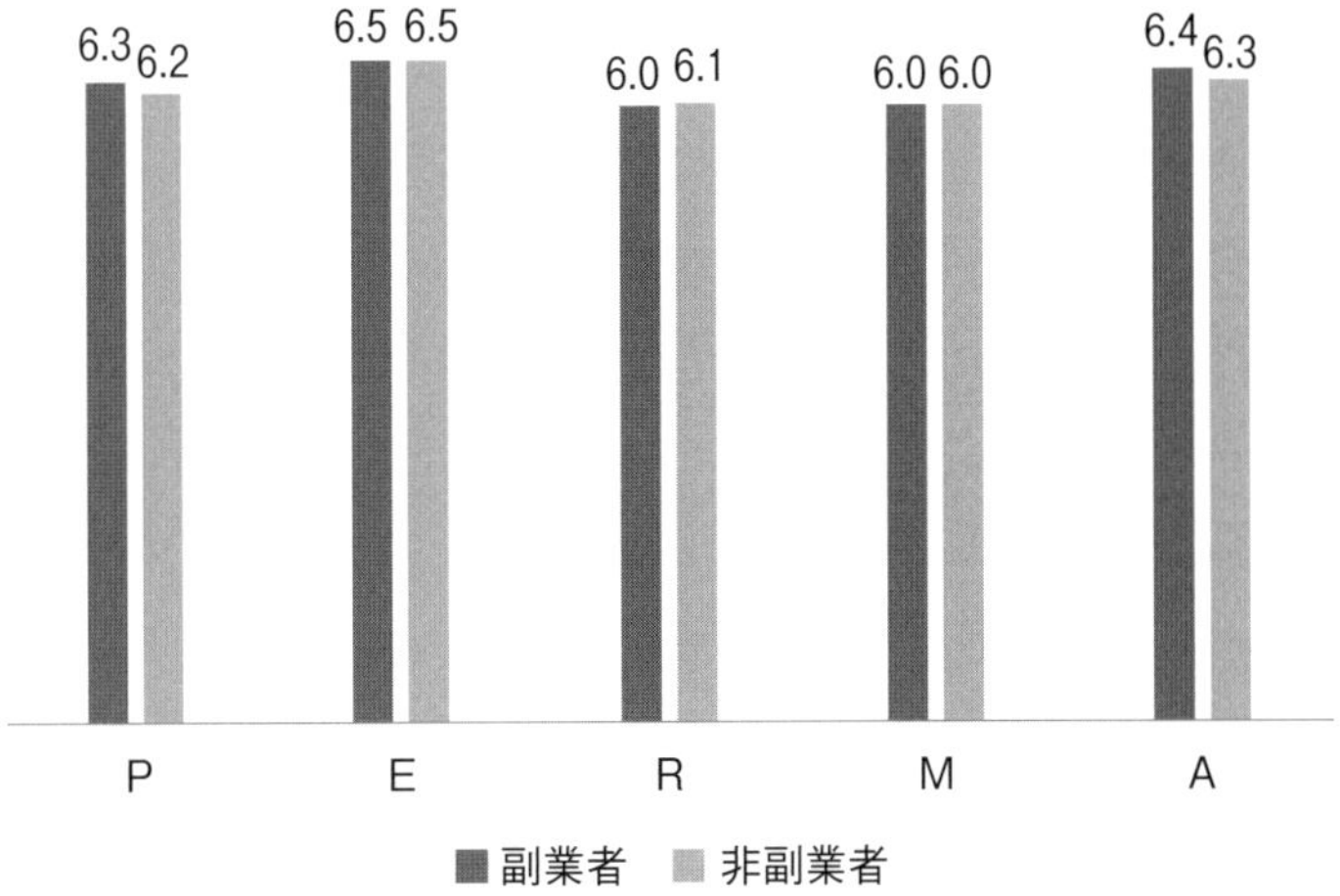

業者の中には、スキルシェアを奉仕活動と位置づけている人が一定数含まれているにもかかわらず、副業者の方が他者貢献をしているという意識が強いという結果は、非常に興味深いところです。これをどう解釈するかについては、章末で述べたいと思います。

④持続的幸福度に影響を与える動機づけ

ここまでの調査結果から、スキルシェアを行っている人の持続的幸福度の水準は、スキルシェアを行っていない人より有意に高いこと、そしてスキルシェアが収入目的の人と、それ以外の目的の人で、持続的幸福度（ＰＥＲＭＡ）の水準に差がないこと

図 5－4　副業者・非副業者　動機づけ比較

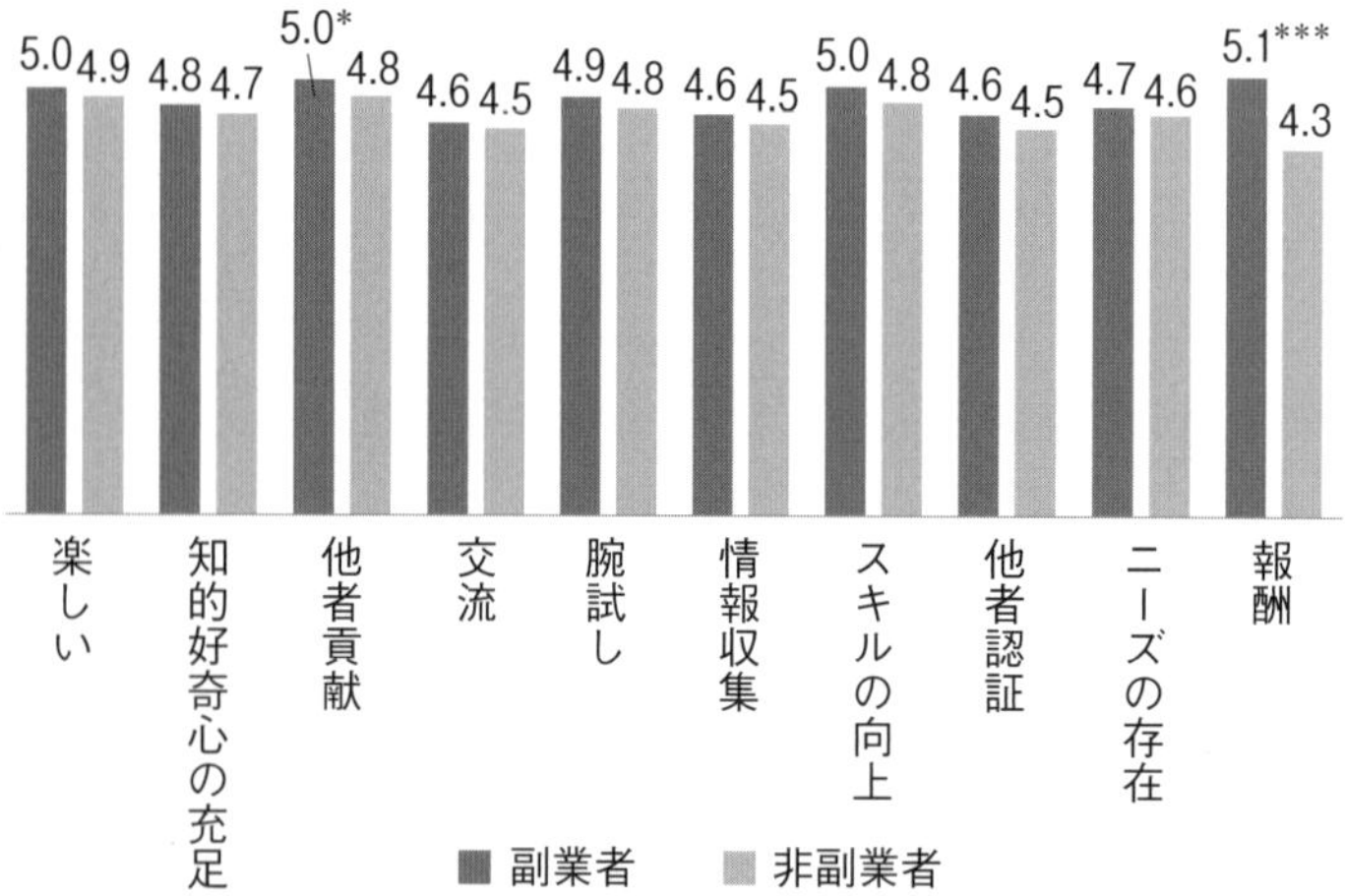

注：*有意水準５％未満、***有意水準0.1％未満

が分かりました。また、スキルシェアを行う動機づけについては、２項目を除くと、収入目的の人もそうでない人も、差がないという結果でした。では、どのような動機づけが、持続的幸福度に影響を与えるのでしょうか。最後に、スキルシェア参画への動機づけ10項目とＰＥＲＭＡの各要素の関連性について確認することにしました(12)。

図５－５は、分析の結果、ＰＥＲＭＡに有意に影響を与えているモチベーション項目を示したものです。「楽しい」、「知的好奇心の充足」、「他者貢献」、「情報収集」の４項目が、ＰＥＲＭＡの水準と関連することが示されています（**図５－５**）。今回の分析に用

図5－5　持続的幸福度（PERMA）に影響を与えるもの（スキルシェア参画者のモチベーション）

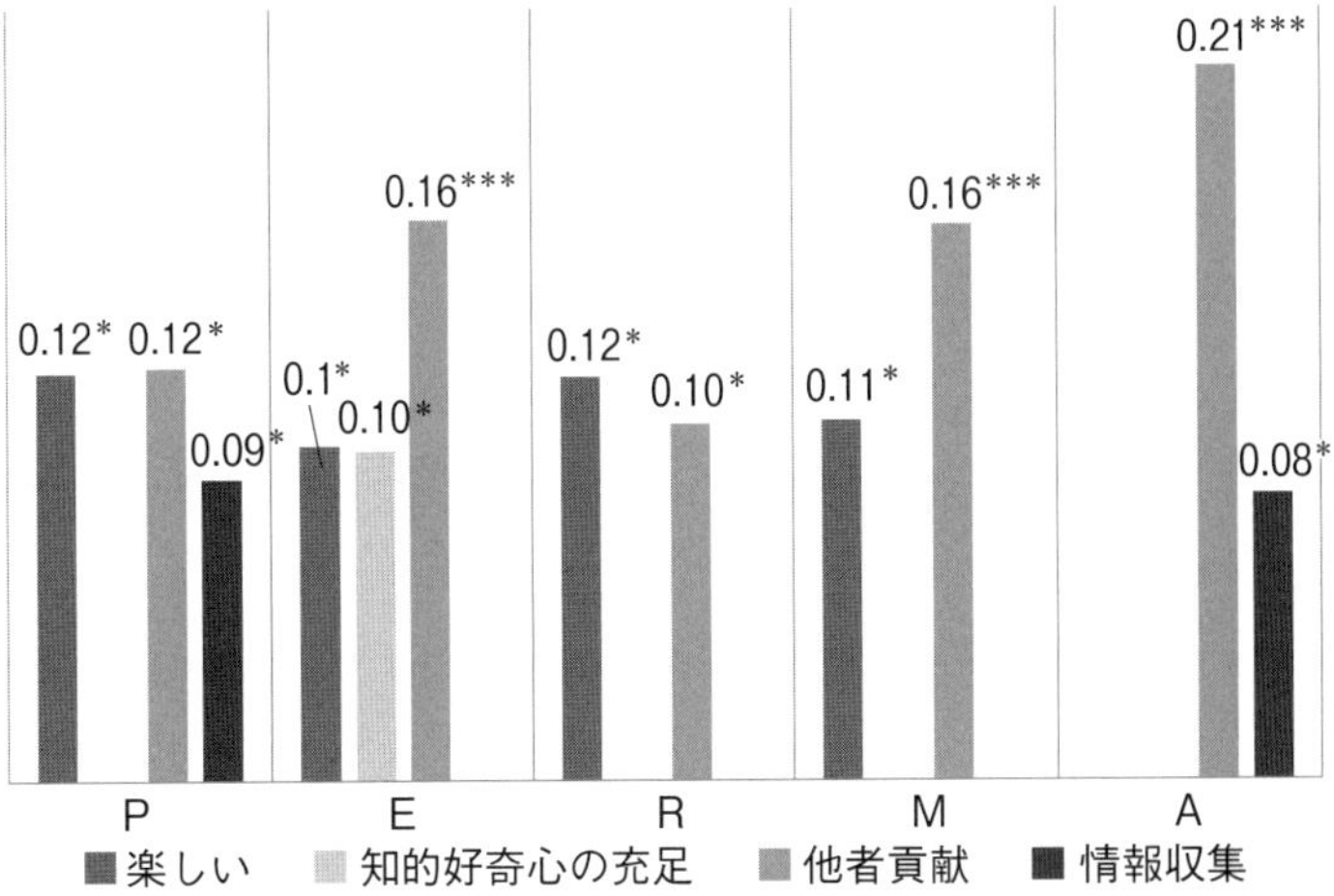

注：*有意水準5％未満、***有意水準0.1％未満

いた、10のモチベーション項目は、内発的なものから外発的なものへと順に並んでいますが（図5－4参照）、今回有意となった4つの項目は、前半に集中しています。つまり、内発的な動機づけが持続的幸福度の向上に寄与することが示唆されました。

それぞれのモチベーション項目を見ていくと、まず「他者貢献」がPERMAのすべての要素に影響しています。第3章でも述べたとおり、同じ項目内では、数値の大きさを、影響度合いの大きさとしての比較することができるのですが、R（他者との関係性）以外の4項目で、「他者貢献」は、他の要素と比較して、最も大きな値を示しています。つまり、この「他者貢献」は、影響の範囲・程度の両方の観点から、ＰＥＲＭＡと大きく関わっていると見られます。次いで、「楽しい」もＡ（達成）を除く４つの要素に、影響しています。他には「情報収集」がＰ（ポジティブ感情）とＡ（達成）に、「知的好奇心の充足」がＥ（エンゲージメント）に、それぞれ有意に影響していることが示されました（図５‐５）。

⑤結果のまとめ

以上の結果から、スキルシェア参画者の中での比較において、副業者と非副業者の持続的幸福度（ＰＥＲＭＡ）には差がないこと、そしてスキルシェアを行うモチベーションとしては、10項目中、「報酬」と「他者貢献」という項目でのみ、両者の間で差があることが分かりました。さらに、本調査の結果から、スキルシェア参画者が必要な情報を得たり、知的好奇心を充足させつつ、自身が楽しみながら他者に貢献することで、持続的幸福度を向上させていることが示されました。これは第４章で得た、「自身の知の深化と、次世代を含めた他者への継承に意義を見出すことで、スキルシェア参画者の持続的幸福度が高まる」という結果と整合します（図５‐６）。

まず、人々のスキルシェアは「楽しい」という感覚から始まります（図５‐６中Ａ・

図5－6　知の共有の流れ（図4－1再掲）

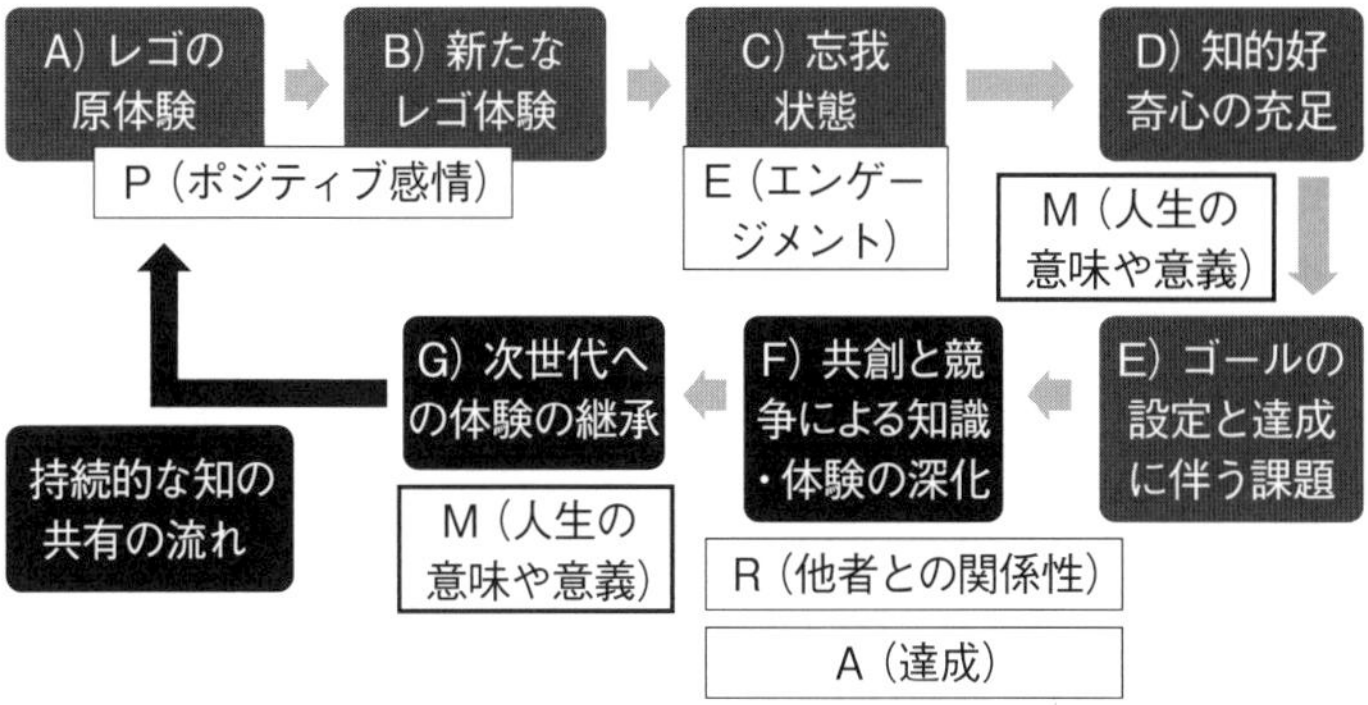

B）。やがて活動にのめり込む中で、知的好奇心の充足されていることに意義を見出し、さらに活動に没頭していくことになります（同C・D）。第4章で、知の共有の重要な原動力として、他者との共創的な競争関係が、人々の知識や体験を深化させていることを述べましたが、この共創や競争のプロセスを経て、人々は必要な情報を収集しているという見方ができます（同F）。さらに、知の共有は最終的に、次世代への継承という形での他者貢献に行き着いていました（同G）。

　本章では、主に第3章のアンケート調査の結果を検証する形で調査を実施しましたが、最終的には第4章のインタビュー調査とも整合する結果を得ることができました。特に「楽しさ」と「他者貢献」の重要性が浮き彫りになる結果となりました。

4　小括

本章では、スキルシェアの副業としての側面に焦点を当てました。その背景には、シェアリングエコノミーを拡大させる政策の1つに、副業解禁が挙がっていることがあります。スキルシェアを副業とする人は、今後増えるものと予測されます。前章までに、スキルシェアへの参画がウェルビーイングの向上に寄与するという調査結果が得られていますが、これが収入目的の場合にも当てはまるのかを、きちんと検証しておく必要があると考えました。というのも、これまでにさまざまな分野の研究で、金銭的インセンティブが、内発的モチベーションを低減させるものとして論じられてきたからです。

そこで本章では、十分なサンプル数を確保して、

(1)スキルシェア参画者と非参画者

(2)スキルシェア参画者の中で、収入目的の人（副業者）とそれ以外の人（非副業者）

の持続的幸福度（PERMA）を比較するアンケート調査を行いました。(2)の分析で

は、スキルシェアを行うモチベーションについても比較しました。

まず(1)の調査では、第３章の調査結果と同様に、スキルシェアへの参画が当人の持続的幸福度を高めることが実証されました。第３章の調査では、ＰＥＲＭＡの５項目中４項目で、スキルシェア参画者のスコアが有意に高いという結果でしたが、本章の調査では、ＰＥＲＭＡの５つの要素すべてで有意に高いという結果が得られました。そして(2)の調査では、その結果が報酬を目的としている場合にも、趣味やボランティア目的の場合と差異なく、有効であることが実証されました。以上のことから本章では、収入目的であろうと、趣味や奉仕活動であろうと、自身の知識や経験を活用して、誰かの役に立つことにより、人はウェルビーイングを向上させることができるものと結論づけます。

なお(2)の調査で、「他者貢献」という動機づけに関して、奉仕活動としてスキルシェアを実施する人を含む、非副業者のグループより、報酬が主目的であるはずの副業者のグループで有意に高いという結果が得られたことは、注目に値します。先行研究では、金銭的な報酬は、内発的モチベーションに負の影響をもたらすものとされてきましたが（e. g. Benkler, 2004; Heyman & Ariely, 2004; Ariely et al., 2009）、本章の調査結果では、どちらかといえば、ポジティブに働いているように見受けられました。原因としては、報酬が発生することで、より責任感や使命感が強く働いている、あるいはより自身の知識や経験が必要とされていることを実感できているなどの可能性が考えられます。報酬が、金銭的な価値に加えて、個人知の価値を客観的に評価するような働きをしている点が、興味深いところです。

本章の調査結果から、スキルシェアが報酬を得ながら他の人に貢献できる副業になり得ることが示されました。国内では政策的に副業解禁が進められる一方で、慎重な姿勢を示す企業もあると言います。さまざまな懸念があってのことですが、本書では、副業を容認して、従業員のウェルビーイング向上にも寄与するという、新たな視点を提示したいと思います。企業にとって、従業員のウェルビーイング向上は喫緊の課題であり、もし個人知を開放することでそれを実現できるのなら、企業にとっても有要ではないでしょうか。これについては、次章で詳しく述べたいと思います。

1――デジタル庁『シェアリングエコノミーの推進』https://www.digital.go.jp/policies/sharing_economy/（2023年2月にアクセス）
2――一般社団法人シェアリングエコノミー協会『シェアワーカー研修・認証制度の「基本的な考え方」』https://www.digital.go.jp/assets/contents/node/basic_page/field_ref_resources/5adb8030-21f5-4c2b-8f03-0e3e01508472/20211101_policies_posts_interconnected_fields_share_eco_05.pdf（2023年2月にアクセス）
3――株式会社情報通信総合研究所『シェアリングエコノミー関連調査』2021年度調査結果（市場規模、経済波及効

果　)』https://sharing-economy.jp/ja/wp-content/uploads/2022/01/1d6acc7e6a69d1938f054c88778ba43b.pdf（２０２３年２月にアクセス）

4――日本経済新聞（2022）「副業制限なら理由公表　厚労省、解禁加速へ企業に要請」『日本経済新聞』https://www.nikkei.com/article/DGXZQOUA15BUS0V10C22A6000000/（２０２３年２月にアクセス）

5――Füller（2010）では「自分自身のニーズ」（既存商品に不満があるため、新商品の開発に参加）であるが、本調査では「他者からのニーズ」に置き換えた。

6――例えば節約やポイ活、実子の育児など、スキルは活用しているもののスキルシェアに該当しないものは、分析対象から除外した。

7――すべての項目について、回答内容の平均値を比較（その他・無回答は除外）した。

8――スクリーニング質問実施時の出現率は、副業者２・５％、非副業者３・８％であり、本サンプルでの副業者・非副業者の割合もこれに準ずるものである。

9――t検定を実施。持続的幸福度（ＰＥＲＭＡ）の尺度について、クロンバックのαが０・８をわずかに下回るものが含まれたが、問題ないであろうと判断される水準であること、また先行研究との整合性を鑑みて、Batler and Karn（2016）の尺度15項目を分析に用いた（以降の分析についても同様）。

10――スキルシェアのダミー変数（1，0）とコントロール変数を独立変数、ＰＥＲＭＡの各要素を従属変数とし、強制投入法による重回帰分析を行った。分析に先立って、各変数の残差の正規性は確認している。多重共線性を回避するために、ＶＩＦが10を超えた「就業状況」は独立変数から除外した。また欠損値はペアごとに除外した。以降の分析も同様の手続きを経て重回帰分析を行っている。

11――スキルシェアの有無、コントロール変数としての年齢、性別、婚姻状況、最終学歴、個年収を独立変数、Positive emotion、Engagement、Meaning、Accomplishment のそれぞれを従属変数とする重回帰分析を実施。その結果、スキルシェアの有無は、Positive emotion（$\beta=0.12, t=10.23, p<0.001$）、Engagement（$\beta=0.14, t=12.84, p<0.001$）、

Relationship（$\beta=0.09$, $t=7.50$, $p<0.001$）、Meaning（$\beta=0.14$, $t=10.93$, $p<0.001$）、Accomplishment（$\beta=0.13$, $t=11.89$, $p<0.001$）において、有意な正の影響を与えていることを確認。グラフに記載しているのは、標準化係数（β）の値。

12——PERMAの各要素を従属変数、スキルシェア参画への動機づけとコントロール変数を独立変数として、重回帰分析を実施。

第6章

結論とインプリケーション

1　スキルシェアのすすめ

ここまで、スキルシェアに参画することで、ウェルビーイングが向上するという調査結果を、順を追って述べてきました。これらの調査から明らかになったのは、知識を「活用」することの意義です。

私たちは、生まれて間もない頃から、さまざまな学びの機会を与えられます。幼稚園や小学校などの教育機関での学びはもちろん、習い事や部活動を通じての学び、家庭での学びなど、その機会は実に多岐にわたります。また近年は、大人になってからも、生涯学習やリカレント教育、リスキリングなど、生涯を通じて学び続ける機会が政策的に設けられています（各用語の意味は後述します）。

あらためて、私たちは、蓄積してきた知識を、どのくらい活用できているでしょうか。自分の好きなことを学ぶのは、楽しいことです。ですが、そこで満足しまうのはもったいない、知識は活用して初めて、その真価を発揮する、というのが本書を通じて最も伝えたいことです。

本書の調査を通じて、知識を活用することが人々のウェルビーイングの向上につながることが分かりました。まず重要なことは、知識を他の人に共有してみることです。そうすると、そこに他者との交流が生まれます。同じ関心を持つ人との交流は、知的好奇心を刺激してくれる、楽しいものです。また、自分の知識が他の人に役立つことを、実感することも多々あるでしょう。そうした体験を通じて、さらに自身の知識が深まるという好循環が起こります。この循環を通じて、ウェルビーイングが向上するというのが、本書の結論となります（**図６－１**）。

本書では、持続的幸福度（ＰＥＲＭＡ）の概念を用いてウェルビーイングの水準を測定しました。この知の共有の循環（**図６－１**）を、ＰＥＲＭＡの要素と照らし合わせておきたいと思います。まず、知識共有から派生する楽しさは、ポジティブ感情（Positive emotion）に他なりません。また、それを通じて、他者との関係性（Relationship）が派生し、他の人の役に立っているという実感は、自身の行為の意義づけ（Meaning）や達

図6－1　知の共有の循環

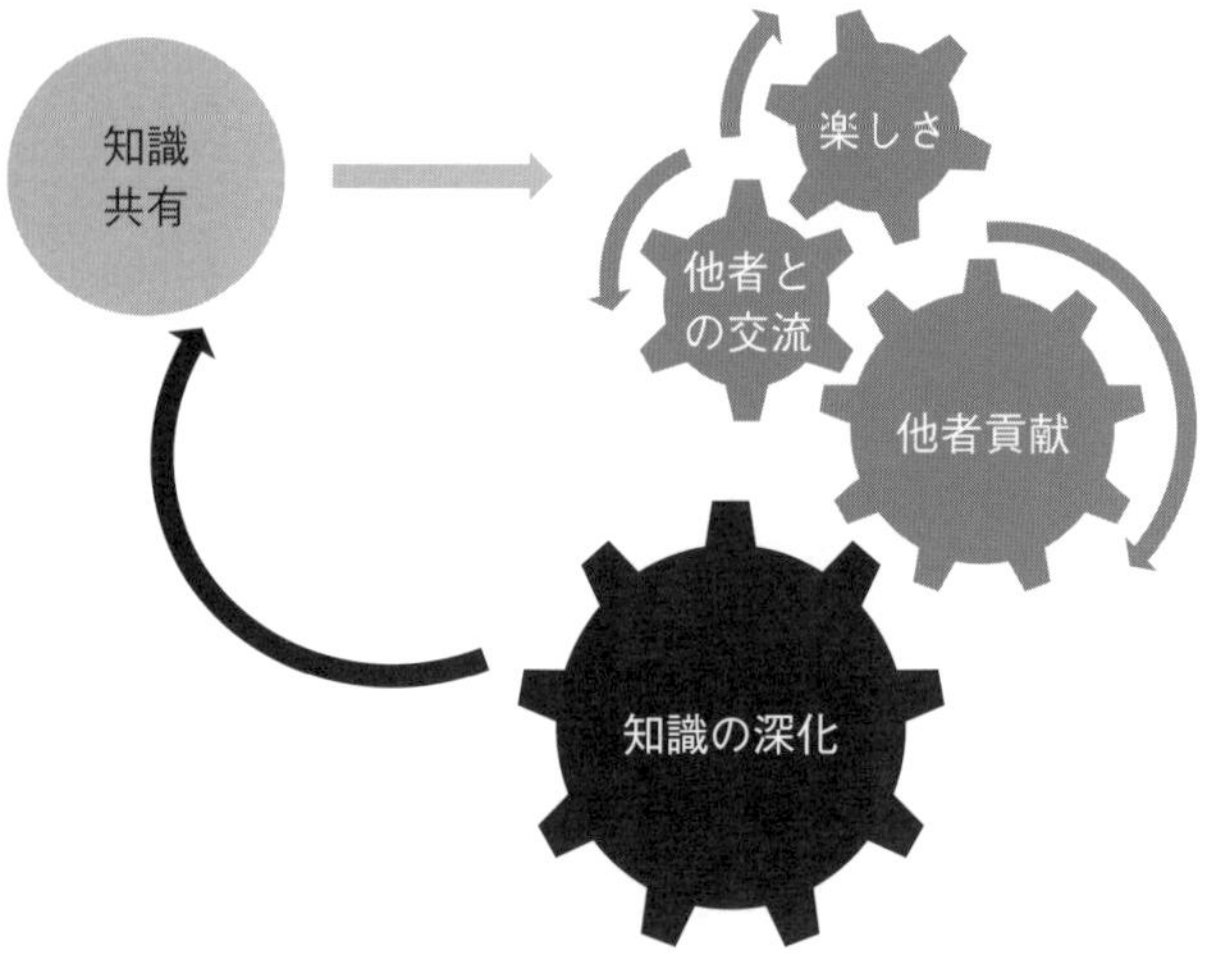

成感（Accomplishment）につながります。そうして、知識共有に端を発する一連の活動に没頭するようになり（Engagement）、自身の知識がさらに深まります。奇しくもフローを提唱したチクセントミハイは、新しいレベルへのチャレンジにより、スキルを発展させることがフローをもたらすとしています（Csikszentmihalyi, 1997）。この知の深化は、次なる知識共有への原動力にもなっており、知の共有の循環（図6－1）の要であるとも言えます。

2　提言

①シェアリングエコノミーを推進する行政、プラットフォーマーに向けて

◆スキルシェア参画者へのビジネス知識の提供

スキルシェアを促進するためには、その阻害要因への対策が必要です。第3章の調査結果からは、時間的制約と収益化の難しさ、顧客や他の参画者との信頼関係という、2つの課題が浮かび上がりました。

まず、限られた時間の中で収益化を図ることについて、スキルシェア参画者をサポートできるのは、行政やプラットフォーマーではないでしょうか。価格決定権がスキルの提供者本人にある場合は、適切な価格設定などについて、研修やアドバイスを受ける機会があれば有効です。価格のみならず、ターゲットの設定や潜在顧客への訴求の方法など、マーケティングに関連する知識を習得できれば、結果的に収益は改善するはずです。

顧客との信頼関係についても、スキルの提供者自身が適切な知識を身につけることで、かなりの部分を解決できそうです。第5章で、シェアワーカーがＣ２Ｃでサービスを提供する時の、基本的な考え方について習得する、行政のサポート制度があることを

述べましたが、このような制度は有効でしょう。

つまり、行政やプラットフォーマーには、スキルシェア参画者にＣ２Ｃビジネスに関わる知識を供与することでのサポートが期待されます。一般の個人がＣ２Ｃビジネスに参画する際、登録は簡単にできてしまうため、ビジネスの基礎的な知識がないまま始めてしまうケースも多々あります。そうすると、思ったほどうまくいかないという壁に当たり、だんだんと消極的になってしまいます。ユーザーイノベーターが、自身のイノベーションを積極的に売り込もうとしないこととも通じます。スキルシェアを発展させるためには、その障壁を取り除くことが必要です。

方法としては、行政が特定のプラットフォームに限定せず汎用性の高い知識を提供する、あるいは各プラットフォームが独自のプログラムを提供することに加えて、それ以外の第三者が、ビジネスとして、Ｃ２Ｃビジネスに必要な知識を身につけるプログラムを提供するなども有効でしょう。どれもすでに存在はしているのですが、十分に浸透しているとはいえない状況です。スキルシェアに参画しようという人は、そもそも学びに意欲的な人が多いので、習得は早いはずです。また、それらのプログラムが有償でも、十分に機能するでしょう。

◆プラットフォームのコミュニティ化と信頼の構築

さらに、プラットフォーム内で、参画者同士がサポートし合えるような状況をつくることができれば、理想的です。シェアリングエコノミーの中でも、スキルシェアは他の分野より、プラットフォーム数が多い分野です。各プラットフォームは、スキル提供者と利用者の両方に対して、ブランディングしていく必要があります。経験値の高いスキル提供者が、初心者をサポートする仕組みをつくることができれば、スキル提供者がプラットフォームを選ぶ時の、1つのアピールポイントになるでしょう。さらにそれがうまく機能すれば、プラットフォーム全体のサービスの質が向上し、利用者へのブランディングにもつながります。

他の参画者や顧客との信頼関係は、スキルシェア参画者の懸念事項の1つでした。プラットフォーム内で参画者同士のコミュニティが形成されれば、この問題がかなり解消されることにもなります。例えば、世界最大の民泊サイトAirbnbでは、家主などのサービス提供者をホスト、利用者をゲストと称します。そして、ホスト同士での情報交換の機会が積極的に持たれています。オンライン上のフォーラムは、誰でも閲覧することができますし、公式のものだけでなく、ホスト同士の自発的な交流も活発です。初心者をサポートすることが主な目的であり、経験の浅い人が、経験を積んだ人たちから助言を得ることができます。もちろん、すべてのホストがこのような集まりに参加するわけではありませんが、ホスト同士の信頼が高まります。一般的には競合関係にあたるホスト同士が、サポートし合う関係になるように仕向けられている点が特長的です。第4章でレゴファン同士が競争しながら、互いを高め合う関係性にあることを紹介しましたが、それに通じるものがあります。

またAirbnbでは、ゲストとホストが互いに評価し合います。一般的には、顧客が施設を評価するのみですが、ここでは顧客も評価されます。結果はすべて開示されるので、ゲストが予約を入れた際に、ホストはそれまでの評価を見て、信頼できる相手であるかどうかを判断することができます。スキルシェア参画者の中で、「どんな顧客が来るのか分からない」ことをデメリットに挙げる人も少なくはありませんでした。このシステムの場合、その懸念が解消されます。そして、高い評価を獲得し続けているホストは、「スーパーホスト」として認定されるなど、さまざまなところで信頼が可視化されています。さらに、Airbnbの評価システムには、公開せずに相手だけにメッセージを伝えられる機能もあります。そこでは、「あなたは素晴らしいホスト（もしくはゲスト）だったけど、こうすればもっといいと思う」など、批判ではなく、親身で建設的なフィードバックをし合うことができます。このように、システム上で、参加者の信頼が蓄積されていく仕組みになっていると、プラットフォーム全体がコミュニティとして醸成されていくことになります。

◆知的財産権の保護について

もう1つ、他の参画者との信頼関係には、知的財産の保護に関する問題が深く関わってきます。本書の調査では、人々の懸念は、自身の知的財産権が侵されることと、無意識のうちに他の人の知的財産権を侵してしまうことの両方に向けられていました。創作物やサービスのデザインについては、一律に判断することができないため、難しい問題ですが、将来的にブロックチェーンの技術を用いて、これらの懸念を緩和することは可能であろうと考えられます。今後のスキルシェアに影響を及ぼすものと考えられるため、本書の内容に関連しそうな、基本的な事項について述べておきたいと思います。

ブロックチェーンとは、ネット内でデータを管理する技術の1つです。これまで、インターネット上の情報は、GAFAM（Google、Amazon、Facebook、Apple、Microsoft）のような、特定の管理者が中央集権的に管理してきました。これに対してブロックチェーンは、公開された情報を複数のユーザーが相互承認することで、データを管理する技術です（天羽, 2021）。

このブロックチェーン上で、暗号資産等のトークンを媒体として「価値の共創・保有・交換」を行う経済をＷｅｂ３（Ｗｅｂ３・０）といいます。[1] ちなみに、Ｗｅｂ１・０は、Ｅメールによる交信・検索エンジンによる検索などを中心とした黎明期のインターネット、Ｗｅｂ２・０はＳＮＳの登場による、ユーザー参加型のインターネットをいいます。Ｗｅｂ２・０では、特定のプラットフォーマーにデータが蓄積されます。Ｗｅｂ３は、情報管理の独占に対抗するものとして、情報管理を自律分散的に処理するというコンセプトです。

ブロックチェーンの特長の１つに、追跡可能で誰でも閲覧可能であることが挙げられます（天羽，2021）。つまりあるデータについて、誰が生み出して、どのように取引されて、どう所有者が移転してきたのか、あるいは取引価格などがすべてデータ上に残り、それを誰でも見られるということになります。

このブロックチェーンの技術を用いた、ＮＦＴというデジタル資産の市場規模が拡大しています（天羽，2021）。[2] ＮＦＴとは、Non-Fungible Token の略で、１つ１つが固有の価値を持つ点が大きな特長です。それぞれ替えが効かない１点ものであるため、「非代替性」トークンと呼ばれます。固有のＩＤや情報を持たせることができるので、キャラクターや版権などの知的財産を取り扱うビジネスと非常に相性が良いとされています。

前置きが長くなりましたが、このブロックチェーンの技術を、スキルシェアのプラットフォームで適用すれば、知的財産権の問題も、かなりの程度解消できるのではないかというのが私の考えです。基本的に、知識は囲い込むものではなく、共有することで発展するものだと考えていますが、貢献者に対する報いは必要です。例えば、ゲーム上でユーザーの生成したコンテンツとNFTを組み合わせて、コンテンツの制作者に利益が還元される仕組みがすでに実現されています（ボルジェ，2021）。そうして得た利益を、自分のものにする場合もあれば、社会に還元する場合もあります。いずれにせよ、知識の提供を尊重する仕組みを実現することが重要です。現時点では、かかる時間とコストを鑑みると、まだ現実的ではないかもしれませんが、Ｗｅｂ３の方向性とスキルシェアの発展は、親和性が高いものと確信しています。

第5章の冒頭で、シェアリングエコノミーの市場は、堅く見積もった将来予測の2倍水準にまで成長するという試算があることを紹介しました。その主な条件として、サービス提供者・利用者の双方に、シェアリングエコノミーが安心して利用できるものだという認識が定着することが挙げられていました。(3) サービス提供者への適切な知識の供与、およびサービスの提供者同士の信頼関係が構築されることで、この条件が適います。市場規模予測の拡大シナリオの実現に近づくのではないでしょうか。

②従業員のウェルビーイング向上を目指す企業に向けて

◆従業員の個人知を活かすことの意義

近年は、従業員のウェルビーイングについても、企業の責任が問われるようになりました。従業員が心身ともに健やかな状態を保ちながら、企業のパフォーマンスの向上を目指す、「ウェルビーイング経営」という考え方も提唱されています（森永, 2019）。第5章の調査の結果、スキルシェアがウェルビーイングを向上させる副業になりうることが示されました。副業の容認にこのような効果があることは、ぜひ多くの人に知っていただきたい本書の調査結果です。

なお、本書が本質的に推し進めたいのは、副業容認に限らず、従業員の個人知を活用する機会の拡大です。例えば、社員が自ら手を挙げて、所属部署以外の仕事に携わる社内副業制度などは、まさに個人知の活用を促します。通常業務では使うことのない、個人的に培った知識や経験が活かせる仕事に携わることは、本人にも企業にもさまざまなメリットをもたらします。社員自身は自分の知識を役立てることで、やりがいを感じたり、新たな学びを得たりして、これまでの調査結果が示すとおり、ウェルビーイングを向上させることになります。また新たな職務を経験することは、キャリアアップにもつながります。企業側は、新たに人を雇用することなく、社内のリソースを活用して、イノベーションにつながるようなアイデアを得ることができます。

企業の中で個人知の活用が促進されれば、個人のウェルビーイングの向上という観点からも、アウトプットとして社会に還元される価値の大きさという観点からも、大きなインパクトが期待できます。さらに、企業側にも、自社内の見えざるリソースを活用できるという点で、大きなメリットがあります。もちろん、社内で個人知の活用を実現するためには、制度を整える必要がありますが、その価値は十分にあるのではないでしょうか。

◆企業内リードユーザー

実は、ユーザーイノベーションの研究において、「企業内リードユーザー」の活用が、企業に有益であることが明らかになっています。第1章でも触れましたが、リードユーザーは市場の最先端にいて、何かしら強いニーズを持ち合わせており、時には自分でイノベーションを実施してしまうような人を言います。リードユーザー法とは、こういった人たちを探し当てて、彼らの協力を得てイノベーションを行う手法です。これに対して、企業内リードユーザーは、自社製品を愛用して、ユーザーとしてそれを熟知しているような社員を言います。企業内リードユーザーは、生産者側の知識と、ユーザーとしての経験を合わせ持つことで、革新的なアイデアを発案したり（Herstatt, Schweisfurth, & Raasch, 2016; Schweisfurth & Herstatt, 2015; Schweisfurth & Raasch, 2015; 渡邉, 2022）、オピニオンリーダーとして製品を普及させたりします（Schweisfurth & Herstatt, 2015）。製品開発の部署以外の企業内リードユーザーとの共創で開発した製品は、通常のプロセスで開発した製品より、パフォーマンスが高いという調査結果も示されています（渡邉, 2022）。

序章でココ・シャネルがイノベーターであったことを紹介しましたが、彼女は企業内リードユーザーであったという見方もできます。シャネルの関心は、女性を不自由さから開放することに向けられていました（山口, 2009）。そうして帽子に始まり、洋服、ジュエリーなど、さまざまなジャンルで、ファッション性と実用性を両立させる製品を生み出していきます。それらは、彼女自身が働く女性の先駆者であり、ユーザーとしてのニーズを持ち合わせていたからこそ、実現できたのではないでしょうか。１００年以上の時を経てなお、彼女の生み出したスタイル（例：パンツスーツ、ツィードやジャージー素材の服、マリンルック、貴金属を使わないアクセサリーなど）が、業界のスタンダードとして残っていることに、ユーザーとしてのニーズ情報と、生産者としての知識を組み合わせる企業内リードユーザーの、とてつもない可能性を感じます。

表6－1　共創の分類

	社会的インセンティブ	金銭的インセンティブ
ニーズ情報	①デザイン共創のためのツールキット	②アイデアコンテスト
ソリューション情報	③リードユーザーの活用	④技術的解決策のコンテスト

出典：Piller et al.（2012）より抜粋、筆者加筆。

③消費者との価値共創を実現したい企業

◆どのような情報を得たいのか

有償・無償にかかわらず、自分の知識や経験を活かしたいと考える消費者は、少なくありません。自分では形にできないアイデアを企業が形にしてくれるなら、喜んで協力してくれる人もいるでしょう。**表6－1**は消費者（一般の個人）とのアイデア共創を、消費者から提供してもらう情報のタイプと、インセンティブのタイプで、4つに分類したものです（Piller, Vossen, & Ihl, 2012）。まず情報の類型について補足説明します。

ニーズ情報は、文字どおり、エンドユーザーとしてどのようなニーズを持っているのかという情報です。消費者に「どんなものが欲しいですか?」と尋ねるより、製品の開発段階からアイデアを出してもらって共創することで、より確かな情報を得ることができます。共創の過程で製品の事前予約を募ることも可能で、販売面でも確実性が上がります。

なお、製品開発の全工程ではなく、デザイン部分など必要な工程でのみ、消費者の意向を取り入れることが一般的です。その際に、例えば、消費者がパーツの色を自由に選んで、デザインを完成させるなど、消費者の意向を引き出しやすくするツールキットを導入することが有効です（表6－1中①）。分かりやすい選択肢を示すことで、消費者がスムーズに自分のアイデアを完成させることを手助けします。

これに対して、製品開発過程の一部を開放するのではなく、アイデアコンテストを実施して、最終商品の形でアイデアを募るという方法もあります（表6－1同②）。コンテストは、消費者がニーズ情報を開示するにとどまらず、自分の知識を結集させて、完成度の高いアイデアを提示するので、本書で取り扱ってきた個人知がより強く反映されることになります。

もう1つのソリューション情報とは、顧客のニーズを具現化する時の、主に技術的な課題を解決するための情報です。顧客のニーズを探り当てたとしても、それを具現化することは、必ずしも容易ではありません。そこで、どんなテクノロジーを用いるのが適切なのか、リードユーザーの協力を得たり（表6－1中③）、専門家を対象にコンテスト（表6－1同④）を実施したりすることで、解決策を模索します。なおコンテストには、各分野の専門家が、所属機関にかかわらず個人として応募してくることになります。応募者は普段の専門領域とは別の領域で、自身の専門性を活かす機会を見出すことなども多分にあり、コンテストは、まさに個人知を活かす場であるといえます。

なお、**表6-1**に掲載されている方法は一例であり、方法はこれ以外にも存在します。あくまで１つの例として、参照してください。

◆インセンティブについての考え方

インセンティブは、金銭的インセンティブと社会的インセンティブに分けられています（**表6-1**）。これは、単に金銭か非金銭かという区別ではなく、共創のプロセスを共にする場合は、そのプロセスから派生する社会的インセンティブが働き、最終アイデアを募る場合には賞金という形で金銭的インセンティブを付与する、という見方もできます。例えば、ある製品やサービスの開発のプロセスを小分けにして、その都度、意見を聞いたり、投票してもらったりという形で共創を進める場合、人々は製品やサービスが徐々に形になっていく過程や、そこに自分のアイデアが反映される様子、企業の開発担当者とのやり取りを楽しむことができます。また、その都度、自分の意見や考えを開示するだけなので、消費者側に金銭的なコストは生じません。これに対して、コンテストの場合、応募者はそのアイデアの有効性を自分で検証する必要があります。時にはプロトタイプを制作する場合などもあり、金銭的な負担が生じます。コンテストの賞金は、（受け取れるのは勝者のみですが）製品開発に必要なコストを還元しているという見方もできます。

消費者とプロセスを共にする製品開発では、その都度、消費者の意向を確認するため、前のパートでも述べたとおり、一定のニーズが確実に見込めるというメリットがあります。一方で、企業側のマイルストーンで進行するため、既定路線から大幅に革新的な製品とはならないでしょう。これに対して、コンテストでは、思いもかけない革新的なアイデアに出会える可能性がある一方で、製品化する際の実現可能性は保証されないという、不確実性が伴います。自社が何を期待するのかによって、共創の形態を選ぶのが良いでしょう。

本書の調査から、金銭的インセンティブの有無にかかわらず、誰かのためになりたいというモチベーションが、人々の知の共有と深く関わっていることが分かりました。共創活動にせよ、コンテストにせよ、そのプロジェクトを通じて、誰かの役に立つことを明示することで、参加者のより積極的な関与、それに紐づいて個人の知を引き出すことが可能になります。また、それによって参画者のウェルビーイングの向上に寄与することができれば、個人・企業・社会の三者を満たす価値共創が実現されることになります。まさに三方良しの価値共創です。

④自己の能力を活かして、社会とつながりたいと考える人に向けて

◆その知識が誰かの役に立つ

本章の冒頭でも述べましたが、私たちはこれまでに多くの学びの機会を得てきました。学びの機会は、教育機関や勤務先だけでなく、趣味の時間、家庭生活など、至る所に存在しています。例えば、第5章の調査で、今活かしているスキルをどのように身につけたのかという質問に対して、「○人の子育て経験」など、自分自身の育児経験を上げる人が少なくはありませんでした。それぞれの人にとって、子育てに費やしてきた時間やエネルギーは相当のものだと推察されます。そこで得た知識や経験を個人の中にとどめるのではなく、他の人に提供することは、社会的にも意義のあることではないでしょうか。また、「難病を患った経験」を上げる人も何人かいました。同じ思いをしている人に経験を共有したり、精神的にサポートしたりするというものです。なかなか表出しづらい経験ですが、それを必要としている人にとって、大きな助けになるものと思われます。

他には、ある地域や国に住んでいる（あるいは住んでいた）経験も、他の人にとっては役立つ情報源になりえます。例えば Airbnb では、宿泊場所に加えて、「経験（エクスペリエンス）」も提供しています。旅先で、地元の人によるサイクリングツアーや、音

楽ツアー、食べ歩きなどに参加できるというものです。それぞれのホストの趣向が凝らされており、内容は観光だけでなく、料理やダンスなどのレッスン、モノづくりなど多岐にわたります。私も海外に行くとよく利用しますが、毎回、地元の人が街の歴史から最新のグルメ情報まで、生き生きと伝授してくれることが印象的です。

自分の知識や経験を活かして活躍する人を見ると、特別な人だという認識を持ってしまいがちですが、それぞれの人が固有の経験に基づく、知識や経験を持ち合わせているはずです。特別に見える人との違いは、それを意識するか、しないかという点ではないでしょうか。周りから指摘されて、自分の特別さに気づくケースも少なくはありません。まずは自分が得意なことを、周りに披露してみるのも1つの方法です。

◆「好き」を極める

私はこれまで、さまざまな分野の、スキルシェアで活躍する人たちにインタビューをしてきましたが、すべての人に共通していたのは、好きなことを突き詰めた結果、今の道が拓けたということでした。特に、幾つかの分野で「好き」を極めてそれらを掛け合わせると、独自の領域が構築されます。中には、「自分は仕事上、○○な体験を積んできたので、これを趣味でやってきた△△と掛け合わせると、自分にしかできない領域を生み出せると思った」というように、客観的に自己分析している人もいますが、多くの人が「あまり意識はしていなかったけど、結果的に趣味でやってきたことが、仕事にもつながった」あるいは「他の人に言われて意識し始めた」など、後づけで気づくようです。

ここで思い出されるのは、アップルの創業者、スティーブ・ジョブズの有名なスピーチです[(4)]。スタンフォード大学の卒業式に招かれて、学生たちに向けて3つの話をするのですが、その1つ目が「点と点をつなぐ（Connecting the dots）」というものでした。その時々で好きなことを突き詰めた結果、後で振り返るとすべてがつながっていたというものです。彼は大学を中退した後、ある一定期間大学に残って、本当に興味のある授業にだけ出席していました。その時は、何かに役立てようというより、ただその内容に魅了されて学んでいたのですが、10年の歳月を経て、そこで得た知識がアップル製品に反映されて、重要な製品特長の1つになりました。授業を受けていた当時、そのようなつながりは予想していなかったそうで、私たちが今できることは、将来何らかの形で点がつながると信じることのみだといいます。

ここで、私が過去にインタビューした、整理収納のプロとして活躍する女性のエピソードを紹介します。彼女が整理収納のスキルを身に付けたきっかけは、夫の転勤に伴う引っ越しの多さでした。少しでも作業を簡単にしようと、自分であれこれ収納を工夫するようになりました。そうして、家の中をきれいに整えることに楽しさを見出します。それが高じて、ある時、雑誌社のインテリア特集企画に写真を送ってみたところ、自宅が誌面に取り上げられました。それを機に、インテリアに関するブログ記事のライターとして、活動することになります。やがてそのブログが出版社の目に留まり、ライフスタイルに関する書籍を出版することになりました。得意なことを極めた結果、次々に道が拓けていきます。なお、彼女はもともと歯科衛生士の仕事をしていたそうです。一見、今の仕事とは関連がないように思えるものの、実はきれいにする、磨く、整える、といった点で意外に共通点があるのだと話してくれました。

これらのエピソードを通じて伝えたいことは、好きなことを極めることで、道が拓けるということです。将来を見越して何かを身に付けなければならない、という外発的な動機づけではなく、好きなことに没頭することで、自ずと道が拓けると考えると、スキルシェアがぐっと身近なものに感じられるのではないでしょうか。

◆シェアすることで第一歩を踏み出す

この話には続きがあります。実は一連の活動の傍らで、彼女は整理収納に関する資格を取得しています。最初は自己流でやっていたものの、他の人に見られる立場になることで、きちんと専門性を身に付けたいと思ったのだそうです。つまり、他の人に知識をシェアすることが、知識をさらに深めるきっかけになっています。

彼女の知識の深化のプロセスを追っていくと、まずは雑誌社の企画に応募するという形で、自らのスキルを他者に共有します。その結果、さまざまな反響があり、それに呼応する形で活動領域が広がりました。そうするとモチベーションが向上して、さらに自身のスキルを向上させるというサイクルが、継続的に循環していきます。その後も、彼女は活動の領域を拡大させて、今では整理収納とは別の領域へも活動の幅を広げています。

ここで忘れてはならないのが、蓄積してきた知識をシェアすることの意義です。第4章のレゴファンへのインタビューでも明らかになったとおり、知識は他の人に共有することでさらに深化し、それが自分の活動への原動力となるという循環が生まれます。

時に過去を振り返って、点と点をつないでみることで、自分のしてきたことに意義を見出すことは、ウェルビーイングの向上という観点からも、非常に重要です。ですが、自分の過去を客観的に振り返るということは意外に難しいものです。一方で、他の人からの反応を通じて、自分を客観視できるということが多分にあります。それゆえ、まずは誰かにシェアしてみることで、第一歩を踏み出してみることをおすすめします。

⑤大人の学びに携わる人に向けて

本章の冒頭でも述べたとおり、近年はリカレント教育など、大人の学びの場が政策的に設けられています。リカレント教育とは、学校教育からいったん離れたあとも、それぞれのタイミングで学び直し、仕事で求められる能力を磨き続けていく、社会人の学びを言います。(5) 大学や専門学校などの教育機関が、さまざまな講座を提供しています。また、それ以外にもさまざまな分野でオンラインサロンを通じた勉強会などが、活発に行われています。

このような場に集まる人は、そもそも学習意欲が高く、すでに他の分野での知識を持ち合わせているような人が多いのではないでしょうか。おそらく個々人の中で、新たに得た知識と、自身の持ち合わせている知識の融合が起きているはずです。それを、まずは共に学ぶ仲間と共有する機会があれば、相互に刺激を与え合うことになり、学びの場自体のクオリティが底上げされるのではないでしょうか。オンライン学習など、独りで学ぶ選択肢も豊富にある中で、あえて他の人と学ぶことを選んだ人は、そこでの交流に何かしらの期待を抱いて参加しているものと考えられます。スキルシェアと非常に親和性が高いとみてよいでしょう。

私自身、社会人向けの大学院でMBAを取得しました。その当時、リカレント教育という言葉自体を知りませんでしたが、実務における専門性を身に付けたいという、まさにリカレント教育の主旨そのものの動機づけで入学しました。実はそれ以前に、通信教育でMBA科目を学習しようと試みたこともありましたが、修了することなく期限を過ぎてしまいました。

フルタイムでの仕事と並行しての大学院生活は、怒涛のような日々でしたが、今振り返ると、何人かでグループになって共に課題に取り組んだり、成果発表をしたり、交流の機会が多く設けられていました。そこで、さまざまなバックグラウンドを持つ仲間から多くの学びを得て、自分も何かしらの貢献をしなくてはという意識が芽生えたことを記憶しています。通信教育の時とは比較にならない熱量で、学びに向き合いました。まさに、大人の学びの場でのさまざまな知識の交流を、身をもって経験しました。

生涯学習やリカレント教育、あるいはオンラインサロンの勉強会など、大人の学びの場は、知識そのものの供与とともに、それぞれの参加者の知の共有の機会が設けられていると、さらに充実したものになるでしょう。企業内研修なども同様です。このような大人の学びの場は、知の共有の循環（**図6-1**）をすぐにも実践できる場として、最適ではないでしょうか。

3　本書の研究上の意義

①ユーザーイノベーションの普及に向けての提言

本書では、3つの調査を通じて、個人知を社会で活用することの意義について検討してきました。その背景には、第1章で紹介したように、ユーザーイノベーションの研究が指摘する、個人の知識やアイデアが、社会で活かしきれていないという現状がありますす（De Jong et al., 2015; von Hippel et al., 2017）。本書ではそれに対して、スキルシェアの促進という解決策を提示したいと思います。なぜなら、それは社会にとって有用であることに加えてそれに関与する人自身のウェルビーイングの向上にもつながるからです。

本書の研究結果は、2つの観点から先行研究に新たな知見を提示できたのではないかと考えています。1つは、ユーザーイノベーターが得る便益を可視化した点です。先行研究では、楽しみ、学び、他者との交流などが、ユーザーイノベーターがコミュニティに参加して、自身のアイデアを他者に共有する、重要なモチベーションとされてきました（Shah, 2006; Füller, 2010; Janzik & Raasch, 2011; Antorini et al., 2012）。こういった社会的インセンティブの働きは、外から見えづらいものです。そこで本書では、ポジティブ心理学で開発された持続的幸福度の概念（Seligman, 2011）を用いて、数値的にこれを実証しました。そして、アンケート調査とインタビュー調査の結果を統合的に検討し、知の共有を通じて得た、楽しさや学び、他者との交流などが、ウェルビーイングの向上につながっていることを明らかにしました。

第二に、本書ではユーザーイノベーター本人とその周辺にとどまりがちな知識やアイデアを、スキルシェアへの参画という形で、社会に引き出すことの有効性を示しました。ユーザーイノベーションは、理論上、社会全体の効用を高めることが示されているものの（Raasch & von Hippel, 2015; Gambardella et al., 2016; Hienerth et al., 2014）、市場に適切なインセンティブがないため、実質的にはほとんど広まらないことが指摘されてきました。解決策として、行政が、個人のアイデアの受け皿としての場としてのコモンズを運営することなどが挙げられてきましたが（Jason, Harhoff, Torrance, & von Hippel, 2021）、本書では、加速度的に成長を遂げているシェアリングエコノミーのプラットフォームを活用することで、この問題を解消することを提示しました。ユーザーイノベーションを社会に適用し、社会全体の効用を高めるための、より現実的な道筋を示すことができたのではないかと考えています。

②金銭的インセンティブの意義

知識共有の場として、シェアリングエコノミーのプラットフォームを活用することの1つの意義は、金銭的報酬を得られることです。ユーザーイノベーションが広まらない理由として、かかる労力に見合った報酬が期待できないことが指摘されてきました（De Jong et al., 2015; von Hippel et al., 2017）。必ずしも、金銭的報酬でなければならないわけではありませんが、仕組みとしてそれが保証されていることは、心理的な抵抗感を軽減する意味で、大きいのではないでしょうか。

先行研究では、人々の善意で成り立つ市場に、金銭的インセンティブを持ち込むことのネガティブな側面が指摘されてきました（Benkler, 2004; Heyman & Ariely, 2004; Ariely et al., 2009）。これに対して本書の調査では、金銭的インセンティブが人々の内発的モチベーションを損なうことはないと、実証的に示されました。むしろ、報酬を得ることで、他者貢献の意識が強くなる傾向が見られ、ポジティブに働いているように見受けられます。

この結果は、金銭的インセンティブの意義を示す重要なものだと考えています。スキルシェアにおける金銭的インセンティブには、そもそもの報酬という役割の他に、人々の貢献を可視化する役割があるのではないでしょうか。自分のスキルがどのくらい他の人に役に立ったのかは、見えづらいものです。無償でスキルを提供する際には、受け手が本当にそれを必要としているのかすら、確信できないこともあるでしょう。ですが、実際に報酬を支払って、そのスキルの力を借りようとする行為は、明確にニーズがあることを示しています。よって、スキルを提供する側は、他の人の役に立っていることを実感することができます。また、報酬を得ることで責任感が生じ、さらに良いものを提供しようと、スキルに磨きをかけることもあるでしょう。

本書の調査結果から、他者貢献の意識が、ウェルビーイングの向上に重要な影響を与えていることが示されました。金銭的インセンティブは、明確に他者貢献を実感させるという点で、間接的にウェルビーイングの向上に寄与していると見ることができます。本書の調査を通じて、絶対額の多寡とは別次元での、金銭的インセンティブの意義が示せたのではないかと考えています。

③スキルシェアの新たな側面

本書では、個人知を活用するための手立てとして、スキルシェアに焦点を当てました。スキルシェアに関しては、ナレッジシェアリング（知識共有）の領域で研究が進められており、主に一般の個人と、企業もしくは公的機関、すなわちB2Cの知識共有が研究対象とされてきました（Ferreira, Mueller, & Papa, 2018; López-Cabarcos, Srinivasan, & Vázquez-Rodríguez, 2020; Eisenbardt, 2020; 2021; Mullins, Dettmer, Eisenbardt, & Ziemba, 2020）。これに対して本書では、一般の個人の間、すなわちC2Cの知識共有を対象に調査を実施しました。C2Cの知識共有は、今後も拡大するものと考えられます。ナレッジシェアリングの研究領域を発展させることに、寄与できるのではないかと考えています。

また、先行研究では、B2Cの知識共有で、いかに個人から知識を提供してもらうのかについて、ユーザーインターフェイスのあり方についてや、商品サンプルの提供、ポイントの付与など、外発的なものにのみ言及しています（Eisenbardt, 2020; 2021; Mullins et al., 2020）。本書では、C2Cの知識共有の調査を通じて、外発的なインセンティブだけでなく、社会的インセンティブとその効果について明らかにしました。ここで得た知見は、B2Cの知識共有にも有用であるものと考えられます。本書は内発的モチベーション、およびそれを満たす社会的インセンティブについて考察した点においても、ナレッジシェアリングの研究に、新たな知見を提示できたのではないかと考えています。

④ウェルビーイングの向上に向けた提言

ウェルビーイングの向上に関して、地域社会、企業経営、教育など、さまざまな区分で研究および実践が進められています。個人に焦点を当てる場合もあれば、集団としてのウェルビーイングの向上という観点からの取り組みもあります。本書が提示する「個人知の共有が、人々のウェルビーイングを向上させる」という研究結果は、どの場面においても適用できるのではないかと考えています。

例えば、地域社会では、地縁を活かした対面でのスキルシェアが可能です。経験者による子育て支援や、有資格者による高齢者支援など、地域課題の解決を伴う形での実践が期待できます。あるいは共通の関心を持つ人同士が集って、情報交換が行えるような場を設けることも有効でしょう。前野・前野（2022）で、緩やかなつながりのある地域はレジリエンスが高いことが紹介されていますが、このような場を設けることは、緩やかなつながりが形成されるきっかけになるのではないでしょうか。

企業経営に関しては、先に述べたとおりです。そもそも、日々の業務自体が知識活用の場になっているはずです。職場は、知識が役立っていることをすぐに実感でき、成果を得やすいという点で、知識共有の場として最適です。実際に、第3章で実施したアンケート調査の回答者の中に、少数ながら、自主的に身に付けた知識を活用して、職場に貢献したことをスキルシェアの経験として挙げた人がいました。知識を共有した相手からの反応や、眼に見える成果（例：コスト削減に貢献できた）を得られることが、大きなモチベーションになっているようでした。リスキリング[6]（職業上必要となる、DXを中心とした大幅な変化に適応するためのスキルを獲得させること）に力を入れる企業も増えていますが、そこで得たスキルを活用する場が設けられていると、より効果的ではないでしょうか。

教育においても、知識の習得と活用がセットになっていると、学習効果が向上するとともに、学びがより楽しいものになるでしょう。第2節第5項で、大人の学びにおける、スキルシェアの有効性を述べましたが、若い世代に向けた教育においても、やはり知識を共有することは有効です。私自身が大学教育に携わるようになって、日々そのことを実感しています。若い世代の場合、蓄積してきた知識をアウトプットするというより、今得たばかりの知識について、どう活用すべきかを学生間で意見交換することで、理解が深まります。さらに、それぞれが自分の持ち合わせている知識を出し合うことで、考え方の幅を広げることができます。多くの大学が実践教育を導入したり、高校教育においても探求学習が導入されるなど、教育の場が知識を活用する場になりつつあります。学習者のウェルビーイング向上という面からも、効果が期待されます。

⑤今後の研究課題

◆研究の限界

本書では、個人知の共有とウェルビーイングの関係性に注目し、３つの調査を通じて、知識や経験を他者と共有することが、ウェルビーイングの向上に寄与することを段階的に実証してきました。社会をより良くするための、重要な示唆が得られたと考えています。一方で、本書で網羅できていない課題点もいくつか挙げられます。

まず、ウェルビーイングは心身ともに健やかな状態を指しますが、本書の調査では身体的な健康状態については考慮できていません。スキルシェア参画者からは、時間的な制約がデメリットとして挙げられましたが、望みどおりに活動に時間を費やすことと、身体的な健康は相反する可能性が否めません。何らかの指標を用いて、身体的な健康についても考慮する必要があるでしょう。

また、ウェルビーイングとは、文化的な背景などに大きく影響されるものです。本研究で得られた結果が、欧米などの他の文化圏でも同様であるかどうかは、検証する必要があります。この点については、今後の研究課題にしたいと思います。

◆ゲーミフィケーションとウェルビーイングについて

第4章でゲーミフィケーションについて触れましたが、実際に、ウェルビーイングを向上させることに、ゲーミフィケーションが活用されています。例えば、職場でゲーミフィケーションを導入することによる、従業員のウェルビーイングへの影響や（Hammedi, Leclercq, Poncin, & Alkire, 2021）、スマートフォンのアプリケーションへの導入が、使用者のウェルビーイングに与える影響が研究されています（Cheng et al., 2018; Alhalafawy, Zaki, 2019）。これらは比較的、短期間での効果を検証するものですが、第4章の調査では、幼少期に思うようにレゴ ブロックが手に入らなかったという、過去に体験した制限が、大人になってからの没頭に拍車をかけるという、時間軸を隔てた影響が見受けられました。このように、長期間にわたる影響について、意図的に環境をつくりこむことはできませんが、長期的な観察から、ウェルビーイングの向上に寄与する要素を特定することは可能です。

ジャンルや技術的な要素を取り払ってもなお、すべてのゲームに共通する要素は、ゴール（プレイヤーの目的意識）、ルール（制約）、フィードバック（ゴールに対する進捗状況の把握）と自発的な参加だといいます（McGonigal, 2011）。確立されたルールのもと、明確なゴールを目指して、時間をかけて難度の高いこと自ら挑戦する時に、人はフロー感（Csikszentmihalyi, 1997）を示します（McGonigal, 2011）。第4章のインタビュー調査から明らかになった、知の共有のプロセスには、偶発的にこの4つの要素がすべて含まれていました。ただし、回顧的に分析すると、そこに至るきっかけを特定することは可能ではないでしょうか。ゲーミフィケーションの要素と、長期的なスパンでのウェルビーイング向上の関係性についても、今後の研究課題としたいと思います。

◆Ｗｅｂ3とスキルシェアについて

そして、本章で少しＷｅｂ3とスキルシェアの関連性について触れました。Ｗｅｂ3において、スキルシェアをどう発展させていくのかは、市場規模の成長と大きく関わる重要課題です。第2節で、金銭的インセンティブの新たな意義として、他者から必要とされている度合いを可視化する役割について述べましたが、Ｗｅｂ3では通貨自体に、信用が蓄積されていきます。単発的にニーズが可視化されるのみならず、蓄積された信用が可視化されることは、さらにスキルシェア参画者のモチベーションになるものと考えられます。

さらに、Ｗｅｂ3では働き方や教育のあり方が大きく変わることが指摘されています。人々は中央集権的な企業に所属して仕事をするのではなく、好きなことや得意なことを活かせるプロジェクトに参加するという形で仕事をできるようになります（伊藤，2022）。また、知識を取得し、それを使って発信し、他者とのコラボレーションで何かを生み出すという、学びと仕事の一体化が起こります（伊藤，2022）。本書を通じて提言してきたことがＷｅｂ３ではごく当然のこととして、実現可能だということになります。

このように、Ｗｅｂ３とスキルシェアの親和性は非常に高いものと見られます。スキルシェアの発展に向けて、その有効性について検証することは、非常に意義のある研究課題であると捉えています。

4 小括

本書では、「なぜ知の共有がウェルビーイングを向上させるのか」という問いを追究してきました。まずは知を共有することから始まり、他者との関わりを経て、知がさらに深化するという流れの中で、ウェルビーイングが向上するというのが、本書の結論となります。さらに、深化した知識を再び共有することで、この循環が持続します（**図6－1**）。

この結果は、さまざまな場面で適用できるものであり、本章では、序章で読者として想定した、シェアリングエコノミーの推進者、従業員のウェルビーイングの向上を目指す企業、消費者との価値共創を実現させたい企業、そして自己の能力を活かして、社会とつながりたい個人、大人の学びに携わる人という五者に向けて、具体的な活用についての提言を述べました。

個人知はその人の中で、さまざまな体験が交錯することで連綿と深化します。誰ひとりとして同じ道を辿っていないはずで、だからこそ多様性に富んでいます。本書の目的は、まだ社会に表出していない、個人知の活用を活性化することにあります。そのため、本章ではその方法を、できる限り具体的に示しましたが、ここで挙げたものはあくまで一例に過ぎません。それらを参照することで、読み手の方々が個々の状況に合わせた、具体策を考案する際の一助になれば幸いです。本書が少しでも、個人にとどまる知を社会に引き出すきっかけになることを願います。

1——本パラグラフの内容は、以下に基づく。経済産業省『Web3.0』https://www.meti.go.jp/policy/economy/keiei_innovation/sangyokinyu/Web3/index.html（２０２３年４月にアクセス）

2——本パラグラフの内容は、天羽（2021）に基づく。

3――株式会社情報通信総合研究所『シェアリングエコノミー関連調査2021年度調査結果』https://sharing-economy.jp/ja/wp-content/uploads/2022/01/1d6acc7e6a69d1938f054c88778ba43b.pdf（2023年4月にアクセス）

4――Stanford “Steve Jobs' 2005 Stanford Commencement Address” https://www.youtube.com/watch?v=UF8uR6Z6KLc（2023年4月にアクセス）

5――厚生労働省『リカレント教育』https://www.mhlw.go.jp/stf/newpage_18817.html（2023年4月にアクセス）

6――経済産業省『リスキリングとは―DX時代の人材戦略と世界の潮流―』https://www.meti.go.jp/shingikai/mono_info_service/digital_jinzai/pdf/002_02_02. pdf（2023年4月にアクセス）

あとがき

顧客エンゲージメントとウェルビーイングの関係性

本書では、知識共有（スキルシェア）がウェルビーイングを向上させることに焦点を当てましたが、もちろん、他にもウェルビーイングを向上させる手立てはあります。実は、新潟大学の石塚千賀子先生との共同研究から（e.g., Aoki & Ishizuka, 2021）、ブランドと顧客の間でのエンゲージメントが構築される過程で、顧客のウェルビーイングが向上するのではないかという示唆が得られました。

この研究の目的は、どうすれば顧客エンゲージメントを維持できるのかを明らかにすることでした。そこで、ラグジュアリーブランドと実用性の高いブランドの両者において、ブランドと強固なエンゲージメントを築いている顧客10人を対象に、インタビュー調査を行いました。その結果、それぞれの顧客には自分自身の目指すゴールや、あるべき理想の姿があり、その方向性と、ブランドの目指す方向性が合致した時に、ブランドと顧客の間に持続的な関係性が構築されるという結論が導き出されました。

顧客がそのブランドと出会ってから、強固な関係性を構築するまでには、長い歳月をかけて、いくつかの段階を経ることになります。まず、ブランドに好感を抱くところから始まり、自身の生活に商品を取り入れるうちに、徐々にブランドに傾倒していきます。その間、ブランドと関係なく、顧客は、就職、結婚、出産など、自身のライフステージを歩んでいきます。やがて、人生の節目となるような出来事を経験することで、それぞれが自分の目指すゴールを見出すようになります。そして、そのブランドが、自分のゴールを達成する手助けをしてくれる存在であることに気づいた時、顧客にとって、そのブランドが唯一無二の存在となっています。

顧客がここに至るまでの各段階で、持続的幸福度（ＰＥＲＭＡ）の要素が散見されました。例えば初期段階で、ブランドに対して抱く感情は、ポジティブ感情(P)そのものです。そしてブランドに夢中になる段階はでは、エンゲージメント(E)が高まりや、ブランドの従業員との関係性(R)が見受けられます。そして、顧客が人生の意義や意味を見出す瞬間や(M)、ゴールの達成を目指す過程で(A)、そのブランドが寄り添っていることが、両者の関係性に大きな影響を与えていました。

この調査で非常に興味深かったことは、ブランドと顧客が常に対等であることです。顧客にとって、ブランドはもはや憧れの存在というより、一緒にゴールを目指す同志のような存在です。また、多額の購入をしているから特別扱いをしてもらって当然だ、などという態度をとることもありません。

ここで重要なことは、その人自身が自分の目指すべき方向性を見出すことで、ウェルビーイングが向上していることです。ブランドは、顧客のウェルビーイングを向上させるわけではありませんが、その手助けをする存在にはなり得ることが分かりました。

推し活がウェルビーイングを向上させる

さらに、推し活がウェルビーイングを向上させるという調査結果も得られています。推し活とは、何かを好きになり、応援する活動をいいます。この「推し」とファンの関係性は、究極の顧客エンゲージメントとみることができます。そこで、先ほどのインタビュー調査の結果を定量的に検証することを目的に、推し活に関する質問票調査を実施しました（Aoki, 2022)。18歳から65歳の男女2000人を対象に質問票調査を実施したところ、約半数の51％が推し活を行っていることが分かりました。そして、推し活を行う人と、そうでない人のPERMAを比較したところ、推し活を行う人がすべての項目で、有意に高いという結果が得られました。つまり、顧客エンゲージメントが構築されるプロセスにおいて、顧客のウェルビーイングが向上することが、定量的に裏づけられました。

なお、推し活の程度は、テレビで見て応援するというものから、推しに直接会いに行くというものまで、さまざまです。分析の結果、推し活を行う人は、以下の4つのグループに分けることができました。後に挙げたものほど、活動への熱量が上がります。

(1)カジュアル派（外出や出費を伴わない範囲で楽しむ）
(2)仲間と楽しむ派（単独での活動より、誰かと活動することを好む）
(3)ソロ活派（単独での活動を好む）
(4)日々を捧げる派（単独でも複数でも、全般的に推し活への関与度が高い）

それぞれのグループの持続的幸福度（PERMA）を比較したところ、5項目すべてにおいて、4番目の「日々を捧げる派」が有意に高いという結果でした。このグループの特徴は、誰かと推し活を楽しむこともあれば、一人でも行動するという人たちです。また、推しの対象が複数であることも特徴です。つまり、誰かに影響されるのではなく、自分の意思で好きなものを追求する人たちであることが読み取れます。「好き」を極める過程で、他の人との交流も織り交ぜながらウェルビーイングを向上させるというプロセスは、本書で取り扱ってきた、スキルシェア参画者が経るプロセスとの共通項が多く見受けられます。究極的に、ウェルビーイングとは、自分自身によって向上させるものであると言えるでしょう。

むすびに

本書の執筆を通じて、これまでインタビューにご協力いただいた、さまざまな方のお話を自分の中で反芻しました。これまでにご協力いただいた、すべての方々に感謝いたします。私の研究の性格上、企業の方ではなく、一般の個人の方にお話をうかがう機会も多く、これまでに50人近い方とお話させていただきました。インタビュー後にも、SNSや、時にはテレビなどのメディアを通じて、その方々のご活躍を知ることが多くあり、あらためて、途切れることのない進化を遂げていらっしゃることを感じます。

本書は、私がこれらのインタビューを通じて感じてきた、人々のポジティブなエネルギーを、ウェルビーイングという概念に収束させて、個人の知識や経験を世の中に共有していくこと（スキルシェア）の意義をまとめたものです。研究を始めた当初は、人々のモチベーションがどこにあるのかを追究してきましたが、そこへウェルビーイングという新たな軸が加わることで、さまざまな変化がありました。例えば、心理学系や医学系の学会など、研究発表の場が大きく広がりました。そこで感じたことは、どんな分野であれ、人々のウェルビーイングの向上は、多くの研究者が追究する、普遍的なテーマであるいうことです。まったく異なる分野の研究者らから、関心を寄せてもらえたことは、研究上の大きな励みになりました。また、このテーマで論文を公刊することで、普段、自分が書籍や論文を読んでいる海外の研究者から、直接コンタクトをもらった際には、とても感慨深く感じました。本書でフィードバックの重要性を述べてきましたが、私自身もまたそれに支えられてきたことを、今あらためて思います。本書を世に出すことで、果たしてフィードバックを得ることができるのか、身の引き締まる思いです。

本書の一部は日本学術振興会よりＪＳＰＳ科研費（JP17K04023、JP20K13631、JP22K01759）の助成を受けたものです。また本書の出版に際し、２０２３年度伊藤忠兵衛基金出版助成（甲南学園）の助成を受けました。この助成によって、研究結果を広く伝えたいという願いが具現化しました。深く感謝いたします。

２０２３年９月

青木　慶

参考文献

Alhalafawy, W. & Zaki, M. (2019). The effect of mobile digital content applications based on gamification in the development of psychological well-being. *International Journal of Interactive Mobile Technologies, 13* (8), 107-123.

Antorini, Y. M., Muñiz, A. M. Jr., & Askildsen, T. (2012). Collaborating with customer communities: lessons from the LEGO group. *MIT Sloan Management Review, 53* (3), 73-79.

Aoki, K. (2022). The Relationship between Fandom and Well-Being. In Irtelli, F. & Gabrielli, F. (Eds.). *Happiness and Wellness - Biopsychosocial and Anthropological Perspectives.* Intech Open.

Aoki, K. & Ishizuka, C. (2021). Novel Partnership between Brands and "Extreme" Customers. 2021 AMA Winter Academic Conference.

Ariely, D. (2009). *Predictably Irrational: The Hidden Forces that Shape Our Decisions,* New York: HarperCollins.（熊谷淳子訳『予想どおりに不合理：行動経済学が明かす「あなたがそれを選ぶわけ」増補版』早川書房、2010年）

Ariely, D., Bracha, A., & Meier, S. (2009). Doing good or doing well? Image motivation and monetary incentives in behaving prosocially. *American Economic Review, 99* (1), 544-555.

Baldwin, C., Hienerth, C., & von Hippel, E. (2006). How user innovations become commercial products: A theoretical investigation and case study. *Research Policy, 35* (9), 1291-1313.

Batra, R., Ahuvia, A., & Bagozzi, R. P. (2012). Brand love. *Journal of Marketing, 76* (2), 1-16.

Belk, R. (2007). Why not share rather than own?. *The Annals of the American Academy of Political and Social Science, 611* (1), 126-140.

Belk, R. (2009). Sharing. *Journal of Consumer Research, 36* (5), 715-734.

Belk, R. (2014). You are what you can access: Sharing and collaborative consumption online. *Journal of Business Research, 67* (8), 1595-1600.

Benkler, Y. (2002). Coase's penguin, or, Linux and "the nature of the firm". *Yale Law Journal, 112* (3), 369-446.

Benkler, Y. (2004). Sharing nicely: On shareable goods and the emergence of sharing as a modality of economic production. *Yale Law Journal, 114* (2), 273-358.

Benkler. Y. (2011). *The Penguin and the Leviathan: How Cooperation Triumphs over Self Interest,* New York: Random House LLC.（山形浩生訳『協力がつくる社会：ペンギンとリヴァイサン』ＮＴＴ出版、2013年）

Butler, J. & Kern, M. L. (2016). The PERMA-Profiler: A brief multidimensional measure of flourishing. *International Journal of Wellbeing, 6* (3), 1-48.

Corbin, J. & Strauss, A. (2014). *Basics of qualitative research: Techniques and procedures for developing grounded theory.* Newbury Park: Sage publications.

Cheng, V. W. S., Davenport, T. A., Johnson, D., Vella, K., Mitchell, J., & Hickie, I. B. (2018). An app that incorporates gamification, mini-games, and social connection to improve men's mental health and well-being (MindMax）：participatory design process. *JMIR Mental Health, 5*（4）, e11068.

Csikszentmihalyi, Mihaly (1997). *Finding Flow: The Psychology of engagement with everyday life.* New York: Basic Books.（大森弘監訳『フロー体験入門：楽しみと創造の心理学』世界思想社、2010年）

Deci, E. L.（1975）. *Intrinsic Motivation,* New York: Plenum.（安藤延男・石田梅男訳『内発的動機づけ：実験心理学的アプローチ』誠信書房、1980年）

Deci, E. L. & Flaste, R.（1995）. *Why we do what we do: The dynamics of personal autonomy.* GP Putnam's Sons.（桜井茂雄監訳『人を伸ばす力：内発と自律のすすめ』新曜社、1999年）

De Jong, J., von Hippel, E., Gault, F., Kuusisto, J., & Raasch, C.（2015）. Market failure in the diffusion of consumer-developed innovations: Patterns in Finland, *Research Policy, 44*（10）, 1856–1865.

Deterding, S., Dixon, D., Khaled, R., & Nacke, L.（2011）. From game design elements to gamefulness: defining "gamification". In *Proceedings of the 15th international academic MindTrek conference: Envisioning future media environments,* 9–15.

Eisenbardt, M.（2020）. Incentives as a trigger for consumer knowledge sharing with enterprises and public sector organizations. In Garcia-Perez, A., Simkin, L.（Eds.）*Proceedings of the 21st European Conference on Knowledge Management,* 222–232.

Eisenbardt, M.（2021）. ICT as a tool for gaining and sharing knowledge. *Procedia Computer Science, 192,* 1839–1847.

Ferreira, J., Mueller, J., & Papa, A.（2018）. Strategic knowledge management: Theory, practice and future challenges. *Journal of Knowledge Manag*ement, *24*（2）, 121–126.

Franke, N., von Hippel, E., & Schreier, M.（2006）. Finding commercially attractive user innovations: A test of lead user theory. *Journal of Product Innovation Management, 23* (4), 301-315.

Füller, J. (2010). Refining virtual co-creation from a consumer perspective. *California Management Review, 52* (2), 97-122.

Gambardella, A., Raasch, C., & von Hippel, E. (2016). The user innovation paradigm: impacts on markets and welfare. *Management Science, 63* (5), 1450-1468.

Gebhardt, G. F., Carpenter, G. S., & Sherry Jr, J. F. (2006). Creating a market orientation: A longitudinal, multi firm, grounded analysis of cultural transformation. *Journal of Marketing, 70* (4), 37-55.

Halbinger, M. A. (2018). The role of makerspaces in supporting consumer innovation and diffusion: An empirical analysis. *Research Policy, 47* (10), 2028-2036.

Hammedi, W., Leclercq, T., Poncin, I., & Alkire, L. (2021). Uncovering the dark side of gamification at work: Impacts on engagement and well-being. *Journal of Business Research, 122,* 256-269.

Herstatt, C., Schweisfurth, T., & Raasch, C. (2016). When passion meets profession: How embedded lead users contribute to corporate innovation. In: D. Harhoff & K. Lakhani (Eds.). *Revolutionizing innovation-Users, communities and open innovation* (pp. 397-419). Cambridge: MIT Press.

Heyman, J., Ariely, D. (2004). Effort for payment. A tale of two markets. *Psychological Science, 15* (11), 787-793.

Hienerth, C. & Lettl, C. (2011). Exploring how peer community enable lead user innovations to become standard equipment in the industry: Community pull effects. *Journal of Product Innovation Management, 28* (1), 175-195.

Hienerth, C., Lettl, C., & Keinz, P. (2014). Synergies among producer firms, lead users, and user communities:

The case of the LEGO producer-user ecosystem. *Journal of Product Innovation Management, 31* (4), 848–866.

Hienerth, C., von Hippel, E., & Jensen, M. B. (2014). User community vs. producer innovation development efficiency: A first empirical study. *Research Policy, 43* (1), 190–201.

Homburg, C., Jozić, D., & Kuehnl, C. (2017). Customer experience management: toward implementing an evolving marketing concept. *Journal of the Academy of Marketing Science, 45* (3), 377–401.

Janzik, L. (2010). Contribution and participation in innovation communities: A classification of incentives and motives. *International Journal of Innovation and Technology Management, 7* (3), 247–262.

Jensen, M. B., Hienerth, C., & Lettl, C. (2014). Forecasting the commercial attractiveness of user-generated designs using online data: An empirical study within the LEGO user community. *Journal of Product Innovation Management, 31* (1), 75–93.

Lauwaert, M. (2008). Playing outside the box-on LEGO toys and the changing world of construction play. *History and Technology, 24* (3), 221–237.

López-Cabarcos, M. Á., Srinivasan, S., & Vázquez-Rodríguez, P. (2020). The role of product innovation and customer centricity in transforming tacit and explicit knowledge into profitability. *Journal of Knowledge Management, 24* (5), 1037–1057.

McGonigal, J. (2011). *Reality is broken: Why Games Make Us Better and How They Can Change the World*. Penguin.（妹尾堅一郎監修・藤本徹・藤井清美訳・武山政直解説『幸せな未来は「ゲーム」が創る』早川書房、2011年）

Medvedev, O. N. & Landhuis, C. E. (2018). Exploring constructs of well-being, happiness and quality of life.

Peer J, *6*, e4903.

Mullins, R., Dettmer, S., Eisenbardt, M., & Ziemba, E. (2020). Using knowledge exchange between prosumers and enterprises to implement circular economy activities in businesses. *Online Journal of Applied Knowledge Management, 8* (2), 71-90.

Ogawa, S. & Pongtanalert, K. (2013). Exploring characteristics and motives of consumer innovators: community innovators vs. independent innovators. *Research-Technology Management, 56* (3), 41-48.

Prahalad, C. K. & Ramaswamy, V. (2004). *The future of competition: Co-creating unique value with customers.* Cambridge: Harvard Business Press.

Piller, F. T., Vossen, A., & Ihl, C. (2012). From social media to social product development: the impact of social media on co-creation of innovation. *Die Unternehmung, 65* (1).1-22.

Potts, Jason, Dietmar Harhoff, Andrew Torrance, & Eric von Hippel (2021). Social Welfare Gains from Innovation Commons: Theory, Evidence, and Policy Implications. *Avairable at SSRN.*

Raasch, C. & von Hippel, E. (2015). Amplifying user and producer innovation: The power of participation motives. *Open Source Innovation* (pp. 284-309). London: Routledge.

Ruggeri, K., Garcia-Garzon, E., Maguire, Á., Matz, S., & Huppert, F. A. (2020). Well-being is more than happiness and life satisfaction: A multidimensional analysis of 21 countries. *Health Qual. Life Outcomes, 18* (1), 1-16.

Ryff, C. D. (1989). Happiness is everything, or is it? Explorations on the meaning of psychological well-being. *Journal of Personality and Social Psychology, 57* (6), 1069-1081.

Schlagwein, D. & Bjorn-Andersen, N. (2014). Organizational learning with crowdsourcing: The revelatory case of LEGO. *Journal of the Association for Information Systems, 15* (11), 754-778.

Schumperter, J. A. (1912). *Theorie der wirtschaftlichen Entwicklung*, Berlin: Duncker & Humblot. (塩野谷祐一・中山伊知郎・東畑精一訳『経済発展の理論：企業者利潤・資本・信用・利子および景気の回転に関する一研究〈上〉〈下〉』岩波文庫、1977年)

Seligman, M. E. P. (2011). *Flourish: A visionary new understanding of happiness and well-being*. New York: Free Press. (宇野カオリ監訳『ポジティブ心理学の挑戦：〝幸福〟から〝持続的幸福〟へ』ディスカヴァー・トゥエンティワン、2021年)

Shah, S. K. (2006). Motivation, governance, and the viability of hybrid forms in open source software development. *Management science, 52* (7), 1000-1014.

Shah, S. K & Tripsas, M. (2007). The accidental entrepreneur: the emergent and collective process of user entrepreneurship. *Strategic Entrepreneurship Journal, 1* (1-2), 123-140.

Strauss, A. L. & Corbin, J. M. (1998). *Basics of qualitative research: Techniques and procedures for developing grounded theory*. Newbury Park: Sage Publications.

Schweisfurth, T. G. & Herstatt, C. (2015). Embedded (lead) users as catalysts to product diffusion. *Creativity and Innovation Management, 24* (1), 151-168.

Schweisfurth, T. G. & Raasch, C. (2015). Embedded lead users-The benefits of employing users for corporate innovation. *Research Policy, 44* (1), 168-180.

von Hippel, E. (1976). The dominant role of users in the scientific instrument innovation process. *Research Policy, 5* (3), 212-239.

von Hippel, E.（2005）. *Democratizing Innovation*, MIT Press: Cambridge, MA.（サイコム・インターナショナル監訳『民主化するイノベーション』ファーストプレス、2006年）
von Hippel, E.（2016）. *Free innovation*. Cambridge: MIT Press.
von Hippel, E, Ogawa, S., & De Jong, J. P. J.（2011）. The Age of the consumer-innovator. *Sloan Management Review*, *53*（1）, 27-35.
von Hippel, E., DeMonaco, H. J., & De Jong, J. P.J.（2017）. Market failure in the diffusion of user innovations: The case of 'off-label'innovations by medical clinicians. *Science and Public Policy*, *44*（1）, 121-131.

青木慶（2016）「企業と消費者の共創活動における、参加者のモチベーションに関する研究：クックパッド・楽天レシピ 比較事例研究」『マーケティングジャーナル』*35*（4）, 105-125。

青木慶（2017）『アイデア共創の質を高めるしくみ』クロスメディア・パブリッシング。

青木慶（2019）「ユーザーとの共創によるイノベーション：Apple Distinguished Educator Program の事例」『マーケティングジャーナル』*39*（2）, 22-35。

天羽健介（2021）「コンテンツ・権利の流通革命、なぜ、いまデジタル資産ＮＦＴが注目されているのか」天羽健介・増田雅史（編著）『ＮＦＴの教科書：ビジネス・ブロックチェーン・法律・会計まで　デジタルデータが資産になる未来』（pp. 12-27）朝日新聞出版。

伊藤穰一（2022）「テクノロジーが予測する未来：ｗｅｂ３、メタバース、ＮＦＴで世界はこうなる」ＳＢクリエイティブ。

内田由紀子（2020）『これからの幸福について：文化的幸福感のすすめ』新曜社。

大石繁宏（2009）『幸せを科学する』新曜社。

小川進（2000）『イノベーションの発生論理』千倉書房。

小川進（2013）『ユーザーイノベーション：消費者から始まるものづくりの未来』東洋経済新報社。

小川進（2020）『ＱＲコードの奇跡：モノづくり集団の発想転換が革新を生んだ』東洋経済新報社。

川上淳之（2022）『「副業」の研究』慶應義塾大学出版会。

戈木クレイグヒル滋子（2016）『グラウンデッド・セオリー・アプローチ 改訂版：理論を生みだすまで』新曜社。

福原顕志（2021）『スノーボードを生んだ男：ジェイク・バートンの一生』文藝春秋。

ボルジェ、セバスチャン（2021）「ＮＦＴゲームにおける世界的先駆者が語るゲームに訪れた『革命』」天羽健介・増田雅史（編著）『ＮＦＴの教科書：ビジネス・ブロックチェーン・法律・会計まで　デジタルデータが資産になる未来』（pp. 80–95）朝日新聞出版。

本條晴一郎（2022）『消費者によるイノベーション』千倉書房。

前野隆司・前野マドカ（2022）『ウェルビーイング』日経文庫。

水野学・小塚崇彦（2019）「リード・ユーザーとメーカーによる共創型製品開発：フィギュアスケーターによるフィギュアスケーターのための製品イノベーション」『マーケティングジャーナル』39（2），6–21。

森永雄太（2019）『ウェルビーイング経営の考え方と進め方：健康経営の新展開』労働新聞社。

山口路子（2009）『ココ・シャネルという生き方』新人物往来社。

渡邉裕也（2022）「企業内リードユーザー発案製品のパフォーマンス評価：アパレル小売業の事例」『マーケティングジャーナル』42（1），90–100。

タ行

ハ行

マ行

ヤ行

ラ行

カ行

サ行

主要事項索引

［著者紹介］

青木慶（あおき・けい）

甲南大学マネジメント創造学部准教授

大阪大学経済学部卒業後、外資系企業にてマーケティングに携わる。並行して、神戸大学にて経営学修士（専門職）、博士（経営学）を取得。大阪女学院大学専任講師、准教授を経て、２０１９年より現職。研究テーマは、消費者参画型の価値共創。

スキルシェアのすすめ
――なぜ知の共有がウェルビーイングを向上させるのか――

二〇二三年九月二〇日　初版第一刷発行

著者　青木慶

発行者　千倉成示

発行所　株式会社　千倉書房
〒一〇四-〇〇三一
東京都中央区京橋三-七-一
〇三-三五二八-六九〇一（代表）
https://www.chikura.co.jp/

印刷・製本　精文堂印刷株式会社

ISBN 978-4-8051-1302-8　C3034

乱丁・落丁本はお取り替えいたします。